Z 15192

Paris

1806

Du Châstelet, Gabrielle-Emilie le Tonnelier de Breteuil Marquise

Lettres inédites de Mme la Marquise Du Châstelet à M. le Comte d'Argental, auxquelles on a joint une dissertation,

janvier

Z. 1017.
D.

15192

LETTRES INÉDITES

DE MADAME LA MARQUISE

DU CHASTELET

A M. LE COMTE

D'ARGENTAL.

LETTRES INÉDITES

DE MADAME LA MARQUISE

DU CHASTELET

A M. LE COMTE

D'ARGENTAL,

AUXQUELLES ON A JOINT UNE *DISSERTATION SUR L'EXISTENCE DE DIEU*, *LES RÉFLEXIONS SUR LE BONHEUR*, PAR LE MÊME AUTEUR, ET DEUX NOTICES HISTORIQUES SUR MADAME DU CHASTELET ET M. D'ARGENTAL.

A PARIS,

Chez XHROUET, Imprimeur, rue des Moineaux, n°. 16;
DÉTERVILLE, Libraire, rue du Battoir, n°. 16;
LENORMAND, rue des Prêtres, Saint-Germain-
l'Auxerrois, n°. 17;
PETIT, palais du Tribunat, galerie Virginie, n°. 16.

M . DCCC. VI.

NOTICE
SUR Mme. DU CHASTELET.

Gabrielle-Emilie de Breteuil, *marquise du Chastelet*, naquit en 1706; elle étoit fille du baron de Breteuil, introducteur des ambassadeurs. Dès sa plus tendre jeunesse, elle annonça un esprit vif et pénétrant, avide de tous les genres d'instruction. Elle apprit de bonne heure le latin, l'anglais et l'italien, et parvint bientôt à lire aisément les grands écrivains dans ces trois langues. Elle avoit entrepris, même avant son mariage, une traduction de *Virgile*, dont on a conservé quelques fragmens manuscrits. Ils annoncent une grande intelligence non-seulement du texte, mais des beautés de l'auteur. Elle avoit aussi écrit des observations grammaticales et littéraires sur nos principaux écrivains, observations qui étoient remarquables par une sagacité d'esprit peu commune.

« Née avec une éloquence singulière », dit Voltaire, dont j'invoquerai souvent le témoi-

gnage, « cette éloquence ne se déployoit que
» quand elle avoit des objets dignes d'elle. Ces let-
» tres où il ne s'agissoit que de montrer de l'esprit,
» ces petites finesses, ces tours délicats que l'on
» donne à des pensées ordinaires, n'entroient pas
» dans l'immensité de ses talens. Le mot propre,
» la précision, la justesse et la force étoient le ca-
» ractère de son éloquence. Elle eût plutôt écrit
» comme *Pascal* et *Nicole*, que comme ma-
» dame *de Sévigné*. Mais cette fermeté sévère,
» cette trempe vigoureuse de son esprit ne la
» rendoient pas inaccessible aux beautés de sen-
» timent. Les charmes de la poésie et de l'élo-
» quence la pénétroient, et jamais oreille ne fut
» plus sensible à l'harmonie. Elle savoit par
» cœur les meilleurs vers, et ne pouvoit souffrir
» les médiocres ».

Mariée fort jeune à M. le marquis *du Chas-
telet-Lomont*, d'une des plus anciennes maisons de Lorraine, elle entra dans un monde
très-dissipé et très-frivole, dont elle prit tous les
goûts, sans renoncer aux études sérieuses qui
l'avoient jusqu'alors occupée ; ses rapides progrès dans les différentes parties de la littérature ancienne et moderne ne suffirent pas
encore à l'activité de son esprit, elle osa abor-
der les hautes sciences ; elle étudia les mathé-
matiques transcendantes et la physique géné-

rale, et commenta Leibnitz et Newton dans un temps où les écrits de ces grands philosophes n'étoient encore connus que d'un petit nombre de savans.

En 1738, elle concourut pour le prix de l'Académie des Sciences. Le sujet étoit de *déterminer la nature du feu*; et elle ne manqua le prix que de quelques voix. En 1740, elle fit paroître ses *Institutions de Physique*, dont le discours préliminaire, dit Voltaire, est un chef-d'œuvre de raison et d'éloquence; jugement qui sera confirmé par tous ceux qui auront lu cet ouvrage. Les *Institutions* étoient composées dès 1738; mais Mme. du Chastelet en avoit retardé la publication pour y joindre une analyse de la *Philosophie de Leibnitz*. C'est aussi en 1740 qu'elle eut avec Mairan une célèbre dispute sur l'une des questions alors les plus difficiles de la physique générale, sur les *forces vives*. Enfin, elle traduisit en 1745 le *Livre des Principes de Newton*, qui n'a paru qu'après sa mort en 1756.

Tant de travaux si longs, si difficiles et si opiniâtres, font supposer dans Mme. du Chastelet une grande ardeur pour la gloire. Elle étoit en effet dominée par ce noble sentiment. « Mais » elle joignit à ce goût pour la gloire, dit » Voltaire, une simplicité qui ne l'accom- » pagne pas toujours. Jamais personne ne fut

» si savante, et jamais personne ne mérita
» moins qu'on dit d'elle : c'est une femme sa-
» vante. Elle ne parloit jamais de science qu'à
» ceux avec qui elle croyoit pouvoir s'instruire,
» et jamais elle n'en parla pour se faire remar-
» quer. Elle a vécu long-temps dans des sociétés
» où l'on ignoroit ce qu'elle étoit, et elle ne pre-
» noit pas garde à cette ignorance. Les dames
» qui jouoient avec elle chez la reine, étoient
» bien loin de se douter qu'elles fussent à côté
» du commentateur de Newton. On la prenoit
» pour une personne ordinaire ; seulement on
» s'étonnoit quelquefois de la rapidité et de la
» justesse avec laquelle on la voyoit faire des
» comptes et terminer les différends. Dès qu'il
» y avoit quelque combinaison à faire, la philo-
» sophe ne pouvoit plus se cacher. Je l'ai vue
» un jour diviser neuf chiffres par neuf autres
» chiffres, de tête et sans aucun secours, en
» présence d'un géomètre étonné qui ne pouvoit
» la suivre ».

Au milieu de tant de travaux, que le savant le plus laborieux eût à peine entrepris, madame du Chastelet trouvoit du temps non-seulement pour remplir tous les devoirs de la société, mais encore pour en rechercher avec avidité tous les amusemens ; et c'est-là un des traits les plus singuliers de son caractère. La toilette l'occupoit comme une jeune fille ; elle se passionnoit pour le jeu, les spectacles, les soupers, les visites, les bals et les divertissemens de toute espèce. Pas un des plaisirs du monde le plus frivole n'étoit trop frivole pour elle. La prodigieuse activité de son esprit, et en même temps le naturel et la simplicité de son caractère expliquent ces bizarres disparates entre ses goûts et ses études. Toute sorte d'amusemens avoient de l'intérêt pour elle, et elle étoit trop franche pour dédaigner de paroître s'en amuser. Une femme âgée, et de beaucoup d'esprit, faisant allusion au mot connu de Fontenelle (1), me disoit un jour : *Je n'ai jamais, Dieu merci, donné le plus petit ridicule au plus petit plaisir.* Ce mot charmant me paroît peindre avec la plus grande vérité madame du Chastelet.

Elle dit, dans son *Traité du Bonheur* : « Je » ris plus que personne aux marionnettes, et » j'avoue qu'une boîte, une porcelaine, un meu- » ble nouveau, sont pour moi une vraie jouis- » sance ». Mais ce goût vif pour la dissipation et les plaisirs du monde tenoit bien plus à la mobilité de son esprit qu'à la frivolité réelle

---

(1) *J'ai quatre-vingt-dix ans, je suis Français, et je n'ai jamais donné le plus petit ridicule à la plus petite vertu.*

de son caractère ; et il ne faut pas prendre à la lettre cette plaisanterie de Voltaire :

> Son esprit est très-philosophe ;
> Mais son cœur aime les pompons.

Elle a sans doute aimé les pompons autant que femme au monde ; mais quand ils étoient loin, elle n'en concevoit nul regret ; et on l'a vue passer des années entières dans la solitude de Cirey, s'y livrer sans distraction aux sciences les plus abstraites, et se féliciter du bonheur qu'elle y goûtoit au sein de l'étude et de l'amitié.

Ce naturel, cette simplicité, cette franchise de caractère qui distinguoient Mme. du Chastelet, lui donnoient dans la société une physionomie toute particulière. J'ai entendu dire à des personnes de sa famille, qui en conservent par tradition beaucoup de souvenirs, que jamais femme ne porta dans le monde moins de prétentions, n'y montra même plus de candeur et de bonhomie. Des gens qui lui étoient fort inférieurs à tous égards, s'amusoient quelquefois à la railler sans qu'elle y prît garde ; et si elle étoit enfin avertie, elle en rioit très-volontiers. Mais le droit qu'elle donnoit sur elle-même, elle ne l'exerça jamais sur les autres. Malgré toute la sagacité de son esprit, on ne la vit jamais relever un ridicule. Sa bonté naturelle ne lui permettoit d'offenser personne même dans les petites choses; et si par hasard, comme on en voit encore quelques exemples, ce qui n'étoit en sa présence qu'un léger persifflage, se tournoit loin d'elle en une méchanceté réelle, elle déclaroit, quand on venoit le lui redire, qu'elle vouloit l'ignorer. « On lui montra (1) un jour » une brochure où l'auteur, qui n'étoit pas à » portée de la connoître, avoit osé mal parler » d'elle; elle dit que, si cet auteur avoit perdu son » temps à écrire ces inutilités, elle ne vouloit pas » perdre le sien à les lire; et le lendemain, » ayant su qu'on avoit enfermé l'auteur de ce » libelle, elle écrivit en sa faveur sans qu'il l'ait » jamais su ». — *Elle rend de bons offices à ses amis*, écrivoit Voltaire à M. de la Condamine, *avec la même vivacité qu'elle a appris les langues et la géométrie; et quand elle a rendu tous les services imaginables, elle croit n'avoir rien fait; comme avec son esprit et ses lumières, elle croit ne savoir rien, et elle ignore si elle a de l'esprit.*

Mais c'est peut-être moins encore à ses ouvrages, à son mérite et à ses qualités person-

---

(1) *Œuvres de Voltaire*, tome 47, page 79, édition in-8°. de Kehl.

nelles, qu'à sa liaison avec Voltaire, que madame du Chastelet a dû sa grande célébrité. Sans me permettre aucune réflexion sur la nature de cette liaison, je me bornerai à observer que les lettres dont j'offre le recueil, adressées à l'ami le plus intime de Voltaire, ne renferment pas une expression qui appartienne à un autre sentiment qu'à celui de la plus vive amitié. Voltaire lui-même dit dans une de ses lettres à M. d'Argental : « Tout ce qui me trouble à
» présent, c'est que tous ceux qui peuvent savoir
» la vivacité des démarches de Mme. du Chaste-
» let, et qui n'ont pas un cœur aussi tendre et
» aussi vertueux que vous, ne rendent pas à
» l'extrême amitié et aux sentimens respectables
» dont elle m'honore, toute la justice que sa
» conduite mérite. C'est dans ce cas surtout que
» j'attends de votre générosité que vous ferme-
» rez la bouche à ceux qui pourroient, devant
» vous, calomnier une amitié si vraie et si peu
» commune ».

Quoi qu'il en soit, cette liaison si honorable pour Voltaire lui fut encore plus utile. Le premier service qu'il dut à madame du Chastelet, ce fut de rester en France, d'où il avoit résolu de s'éloigner pour toujours. Il avoit formé ce dessein après son voyage d'Angleterre, et lorsqu'il connoissoit à peine madame du Chastelet. « Quand je donnai permission à Thiriot, dit-il, d'imprimer ces maudites Lettres (*philosophiques*), je m'étois arrangé pour sortir de France, et aller jouir dans un pays libre du plus grand avantage que je connoisse et du plus beau droit de l'humanité, qui est de ne dépendre que des lois, et non du caprice des hommes. J'étois déterminé à cette idée : l'amitié seule m'a fait entièrement changer de résolution, et m'a rendu ce pays-ci plus cher que je ne l'espérois ».

Si Voltaire, en effet, jeune encore, et quand son talent n'étoit pas pleinement formé, eût exécuté cette résolution, qui pourroit douter qu'un long séjour dans les pays étrangers n'eût enfin altéré son goût, égaré son génie, et ne nous eût ainsi privés de ses principaux chefs-d'œuvres qui sont postérieurs à ces temps-là ? Le commerce de Mme. du Chastelet ennoblit et agrandit ses idées : jaloux de plaire à cette illustre amie, dont le génie, dit-il lui-même, *étoit d'une trempe si vigoureuse*, il donna à ses ouvrages un caractère de noblesse, de force et d'élévation qui ne se retrouve pas, à beaucoup près, au même degré dans ceux qu'il a publiés avant ou après cette époque. C'est auprès de Mme. du Chastelet, c'est à Cirey qu'il a composé le *Siècle de Louis XIV*, *Mérope*, *Alzire*, *Mahomet*, les *Epitres morales*, et tant d'autres ouvrages dont les beautés sont avouées de tous les partis. Ce fut alors qu'il montra le plus de sagesse dans ses écrits; qu'il s'exprima avec le plus d'égards sur des opinions que tous les honnêtes gens, quels que soient leurs sentimens personnels, doivent respecter; qu'il sut enfin le mieux réprimer cette fougue de caractère qui, depuis, l'a quelquefois emporté si loin au delà des justes bornes.

On ne doutera pas de cette influence de madame du Chastelet en lisant les lettres que j'offre ici au public. « Il faut à tout moment le
» sauver de lui-même, dit-elle dans sa lettre 6 :
» toutes mes lettres sont des sermons; mais on est
» en garde contre eux; on dit que j'ai peur de mon
» ombre.... Je passerai toute ma vie à combattre
» contre lui pour lui-même.... » Elle dit ailleurs en parlant du *Mémoire sur la Satire :* « Je lui
» fais refondre son mémoire ; j'y trouve encore
» trop d'injures ; il m'a promis de les ôter
» toutes ». Si l'on songe que ce mémoire de Voltaire, où règne en effet un ton de noblesse, de sagesse et de modération qu'on ne retrouve guère dans ses autres écrits polémiques, étoit dirigé contre Desfontaines, qui l'attaquoit journellement non pas seulement dans ses ouvrages,

mais encore dans son honneur et dans sa probité, après qu'il avoit été tiré par ses soins d'une prison infâme et qu'il en avoit ensuite reçu plusieurs bienfaits, on ne pourra s'étonner assez de cet empire de Mme. du Chastelet. Certes, il y a loin de ce *Mémoire sur la Satire*, à ces virulentes diatribes qu'il a publiées depuis contre des hommes dont quelques-uns s'étoient bornés à censurer ses vers, dont quelques autres, tels que M. Larcher, dignes de l'estime générale par leur science et leur vertu, avoient seulement différé d'opinion avec lui sur des faits historiques. Seroit-il donc déraisonnable d'affirmer que si Voltaire, comme il en avoit l'espoir et le désir, eût achevé sa vie sous les yeux de madame du Chastelet, il ne seroit pas tombé, à une époque plus reculée, dans ces écarts affligeans qui ont tant nui à sa mémoire, et qui ont pu affoiblir l'effet des importantes vérités répandues dans ses écrits?

Mais cette liaison, quelques avantages qu'en ait retirés Voltaire, quelque douceur et quelque charme qu'elle ait répandus sur sa vie, s'il faut en croire des traditions qui paroissent certaines, n'étoit pas sans orages, et on n'en sera pas fort surpris, pour peu qu'on réfléchisse à cet esprit ardent et mobile, à cette âme vive et passionnée qui distinguoit Mme. du Chastelet, et à la prodigieuse irritabilité de Voltaire, à la fougue de son caractère, à la violence de ses emportemens. Il s'élevoit assez fréquemment entre eux de vives querelles où les mots les plus amers, les réparties les plus sanglantes n'étoient point épargnées. Le château de Cirey retentissoit de leurs éclats, et celui qui se trouvoit, pour la première fois, témoin de ces tempêtes, demeuroit persuadé que ces deux amis ne se reverroient plus, et que leur affection étoit éteinte pour toujours. Mais bientôt on les revoyoit, non sans étonnement, revenir l'un à l'autre comme par un besoin invincible, convenir franchement de leurs torts mutuels, et reprendre le ton et le langage de la plus vive amitié. Le retour fréquent de pareilles scènes n'a jamais altéré leur attachement.

Une liaison vulgaire qui résisteroit à de tels orages, seroit peut-être inexplicable. Mais cette constance est en quelque sorte de nécessité entre des personnes aussi supérieures que Voltaire et Mme. du Chastelet. Pour des esprits de cette trempe, le besoin de communiquer ses idées à un esprit de même force, et d'en recevoir des idées analogues, l'habitude de s'entendre mutuellement, vite et à demi-mot, et de parcourir ainsi en peu de temps un vaste champ de pensées, est encore plus vif, plus impérieux que ne l'est dans les liaisons vulgaires le besoin et l'habitude de se communiquer et de partager des sentimens et des affections communes. Si quelque cause vient à rompre ces liaisons, on peut espérer encore de retrouver dans un autre cœur la félicité qu'on a laissé échapper ; car, pour le bonheur de l'espèce humaine, les âmes tendres sont encore moins rares que les esprits supérieurs. Mais ces derniers, lorsqu'un heureux concours de circonstances les a rapprochés, lorsqu'un lien puissant les a unis, sentent profondément qu'une telle félicité ne se retrouve pas dans la vie ; qu'une fois séparés, ils devront demeurer à jamais seuls, et qu'il vaut encore mieux supporter quelques querelles passagères, que de s'exposer à l'horreur d'un isolement sans espoir, après avoir goûté les inexprimables jouissances d'un pareil rapprochement.

Voilà pourquoi sans doute, pendant tout le cours d'une si longue liaison, malgré des torts réciproques, malgré mille circonstances de fortune, d'ambition, de gloire ou d'affaires qui sembloient devoir les séparer, et particulièrement malgré toutes les séductions du roi de Prusse, Voltaire et Mme. du Chastelet n'ont jamais pu vivre l'un sans l'autre. On peut voir dans une des lettres de ce recueil, écrite pendant une courte absence de Voltaire, quelle étoit, à cet égard, la vivacité des sentimens de Mme. du Chastelet.

Cette amitié subsistoit depuis près de vingt ans, lorsque Mme. du Chastelet, alors âgée de quarante-trois ans, devint grosse. Cet événement jeta dans son âme les pressentimens les plus sinistres, que toute la force et la supériorité de sa raison ne purent jamais vaincre. Elle se persuada qu'elle ne survivroit pas à ses couches, et, dans cette idée, elle travailla avec plus d'ardeur que jamais à son dernier ouvrage sur Newton. « L'opiniâtreté de ce travail, dit Voltaire,
» des veilles continuelles dans un temps où le
» repos l'auroit sauvée, amenerent enfin cette
» mort qu'elle avoit prévue. Elle sentit sa fin
» approcher, et, par un mélange singulier de
» sentimens qui sembloient se combattre, on la
» vit regretter la vie et regarder la mort avec
» intrépidité. La douleur d'une séparation éter-
» nelle affligeoit sensiblement son âme, et la
» philosophie dont cette âme étoit remplie, lui
» laissoit tout son courage. Un homme qui s'ar-
» rache tristement à sa famille desolée, et qui
» fait tranquillement ses préparatifs d'un long
» voyage, n'est que le foible portrait de sa dou-
» leur et de sa fermeté; de sorte que ceux qui
» furent les témoins de ses derniers momens,
» sentoient doublement sa perte par leur pro-
» pre affliction et par ses regrets, et admiroient

» en même temps la force de son esprit, qui
» mêloit à des regrets si touchans une constance
» si inébranlable.

» Elle mourut au palais de Lunéville, le 10
» août 1749, à l'âge de quarante-trois ans et
» demi, et fut inhumée dans la chapelle voi-
» sine ».

Je dois maintenant rendre compte des motifs qui m'ont déterminé à publier ce recueil. Il me semble d'abord que les lettres d'une femme aussi célèbre que Mme. du Chastelet où elle développe son âme toute entière, et qui, écrites sous les yeux de Voltaire, nous font connoître les dispositions habituelles de cet homme extraordinaire, ne peuvent que piquer la curiosité, quelle qu'en soit la forme et le style. Mais ce n'est pas tout qu'elles soient recherchées, il faut encore qu'elles soient goûtées; et, à cet égard, il m'est bien difficile de prévoir quelle sera l'opinion du public.

Si on juge ces lettres par comparaison avec celles de Mme. de Sévigné, si l'on est bien convaincu que ces dernières sont les uniques modèles du style épistolaire, et qu'une lettre approche ou s'éloigne davantage de la perfection, selon qu'elle ressemble plus ou moins à une lettre de Mme. de Sévigné, je crains bien qu'on ne soit très-sévère pour les lettres de Mme. du

Chastelet. Mais, à cette occasion, j'ai bien envie de profiter de la liberté qu'on accorde aux préjugés d'un éditeur, pour examiner si les lettres de Mme. de Sévigné sont en effet le vrai type de ce style simple et naturel qui est le premier mérite du genre épistolaire.

A Dieu ne plaise que je prétende affoiblir ici la juste admiration qui est due à cette femme charmante, dont les lettres font une de mes plus habituelles lectures. Ces lettres sont pleines de naturel, sans doute, mais d'un naturel que Mme. de Sévigné, si je puis ainsi parler, s'étoit fait à elle-même. Pour expliquer cette opinion, si contraire au sentiment général, il faut se rappeler l'époque où Mme. de Sévigné est entrée dans le monde. Voiture et Balzac, qui n'étoient pas, à beaucoup près, des modèles de goût, quoiqu'ils en fussent alors les oracles, avoient mis fort à la mode le genre épistolaire, et chacun prenoit plaisir à s'y exercer à leur imitation. On sait que les femmes de ce temps, les plus distinguées par leur esprit, s'écrivoient mutuellement des lettres qui passoient ensuite de main en main, et on se rassembloit avec empressement pour les entendre, comme s'il se fût agi de quelque comédie nouvelle. A une époque, où le goût dominant n'étoit pas encore très-pur, des femmes qui écrivoient ainsi en présence,

pour

pour ainsi dire, de tant d'auditeurs, devoient nécessairement affecter quelque recherche dans leur style, et avoir souvent de l'esprit avec effort. Mme. de Sévigné elle-même n'avoit pu tout à fait se dérober à ce mauvais goût : celles de ses premières lettres qui nous sont restées, et qui datent de sa jeunesse, ont quelque chose de roide et d'affecté qu'on ne retrouve guère assurément dans les lettres à Mme. de Grignan. Mais lorsqu'elle se fut imposé l'heureuse loi d'écrire tous les jours à sa fille, ses premiers efforts sont devenus, par cette fréquente et intime correspondance, des allures naturelles. L'abondance et la vivacité de son style croissant par l'habitude, toute apparence de travail a disparu, et l'aimable abandon, l'extrême facilité de l'ensemble n'a plus laissé voir que de l'originalité dans un grand nombre de traits qui, par eux-mêmes, paroîtroient bizarres ou affectés; mais ce style n'étant pas essentiellement simple et franc, perdroit tous ceux qui voudroient l'imiter. Voilà pourquoi lorsque, dans une certaine classe de la société, c'étoit une prétention générale d'écrire en imitation de Mme. de Sévigné, toutes les lettres de ce genre, même celles qui étoient écrites par des femmes de beaucoup d'esprit, n'avoient rien que de faux et de maniéré. Mme. de Sévigné doit être comptée parmi ces écrivains à part, qui se sont créé une manière originale très-différente de ce style simple et naturel qui distingue en général les grands écrivains. Le bon goût réprouve cette manière, à moins que le génie n'y ait laissé son empreinte; car le génie fait tout absoudre. Mais ce n'est jamais par leur conformité avec de pareils écrivains, qu'il faut juger du mérite de ceux qui se sont exercés dans la même carrière.

Mme. du Chastelet, qui vivoit dans un temps où l'on ne faisoit plus circuler les jolies lettres, et qui avoit une réputation d'esprit si bien établie, qu'une lettre quelconque n'y pouvoit rien ajouter, ne cherchoit pas à briller dans les siennes par des traits ingénieux, par des expressions inattendues, ou par des tours délicats. Elle n'écrit pas pour écrire; toute entière à la pensée qui l'occupe, elle va droit à son but avec une chaleur d'âme, une vivacité de sentimens et une franchise d'expression dont peu de lettres, j'ose le dire, offrent le modèle (1). C'est presque

---

(1) Je ne parle que des lettres où elle est animée par un sentiment dominant : celles dont l'objet ne lui importoit guères, et où il ne s'agissoit que de montrer de l'esprit, n'entroient pas dans son talent, comme l'a observé Voltaire. Elles sont en petit nombre dans ce recueil : je n'ai pas cru devoir les supprimer; elles serviront à faire juger des divers caractères d'esprit de cette femme singulière.

toujours pour Voltaire qu'elle s'anime, se passionne et se tourmente; elle est tendre, ou affectueuse, ou injuste, ou même violente, selon qu'elle parle des amis ou des ennemis de Voltaire : il ne faut pas lui demander d'autre mesure ni d'autre règle de ses opinions ou de ses jugemens. Quelques personnes comprendront peut-être difficilement cette préoccupation pour l'auteur de *Zaïre*; mais ce sentiment est peint avec tant de naturel et de vérité, que le plus grand nombre lira sans doute avec plaisir ces lettres où une femme d'un esprit si supérieur se transporte si bien dans les intérêts de l'homme qu'elle aime, et y subordonne les siens si franchement; qui a tant à cœur la gloire, l'honneur, la réputation, les succès de son ami, et qui montre pour lui un dévouement si profond, si entier, si absolu. Comment songeroit-elle, entraînée par un pareil sentiment, à de petits effets de phrase, à d'heureuses finesses de style? Les manuscrits qui sont entre mes mains attestent que sa plume avoit peine à suivre les mouvemens de son âme. Son style est donc souvent négligé, incorrect, chargé de fréquentes redites. Quand une idée l'agite, elle y revient sans cesse; c'est le langage de la passion. On ne pourra le méconnoître; et, si on aime à retrouver ce langage jusque dans des lettres imaginaires, ne doit-il pas avoir quelque prix quand ces lettres sont réelles.

quand elles ont été écrites par Mme. du Chastelet, et que Voltaire en est l'objet?

J'ai cru devoir comprendre dans ce recueil,

1°. Une courte Notice sur M. d'Argental, à qui sont adressées ces lettres de Mme. du Chastelet.

2°. Une dissertation de Mme. du Chastelet sur l'*Existence de Dieu*. Ce morceau, qui sera neuf pour la plupart des lecteurs, a été inséré dans les *Institutions physiques*, et a joui long-temps et à très-juste titre d'une grande célébrité. Quoique cette dissertation n'ait que quelques pages, il y a peu de livres peut-être, même parmi ceux qui ont été écrits sur cette matière *ex professo*, où la grande vérité de l'existence de Dieu ait été démontrée d'une manière plus claire, plus complète, plus précise et plus invincible. Ceux qui chercheroient, dans les lettres que je publie, cette force de tête, cette puissance de raisonnement, ce don d'enchaîner étroitement ses pensées et cette énergie de style qu'on a attribués à Mme. du Chastelet, pourront s'en former quelque idée après avoir lu ce morceau.

3°. Le *Traité du Bonheur*, déjà inséré dans quelques recueils, et qui devoit trouver naturellement sa place dans celui-ci. Un écrivain célèbre du dernier siècle a dit de ce morceau, *que c'est peut-être le seul des ouvrages sur cette question qui ait été écrit sans prétention et avec une entière franchise.* Cette franchise pourra bien n'être pas du goût de tout le monde. Mme. du Chastelet, qui étoit persuadée que les passions sont nécessaires au bonheur, cherche le dédommagement de leur perte dans des ressources qui ne seront que foiblement appréciées par les âmes délicates et passionnées. Elle regarde bien la vertu comme le principal moyen de bonheur; mais elle y ajoute des moyens secondaires, et ce qu'elle appelle des *adresses de détail*, qui paroîtront un peu trop matérielles. Tels sont, entre autres, les préceptes qu'elle donne pour se bien porter. La santé, sans doute, est le complément du bonheur; mais il y a, à cet égard, des *adresses de détail* qu'elle auroit dû laisser à la *franchise* du médecin. Le récit de ces soins donnés à sa propre personne, ne seroit pas de bon goût dans la conversation, et l'est bien moins encore dans un écrit, n'eût-il été destiné qu'à quelques amis intimes.

Voilà des défauts que je n'ai point cherché à dissimuler; mais je dois ajouter que ce même morceau renferme, sur une question tant rebattue, des observations neuves et intéressantes, des réflexions fines et ingénieuses sur les plaisirs de la conscience, sur le besoin de l'estime publique, et sur les ressources de l'étude. Enfin, le mérite qui est propre à ce traité est si différent de celui qui appartient à la *Dissertation sur l'Existence de Dieu*, qu'il m'a paru piquant de réunir ces deux morceaux, nés l'un et l'autre d'inspirations si diverses. Ce rapprochement servira peut-être à compléter le tableau que j'ai essayé de tracer et de l'esprit et du caractère de Mme. du Chastelet.

HOCHET.

LETTRES INÉDITES

DE MADAME LA MARQUISE

DU CHASTELET

A M. LE COMTE D'ARGENTAL.

LETTRE I.

Décembre 1734.

Ange tutélaire de deux malheureux, j'ai enfin reçu de la frontière des nouvelles de votre ami; il y est arrivé sans accidens et en bonne santé. Sa malheureuse santé soutient toujours mieux les voyages qu'on n'oseroit l'espérer, parce qu'en voyage il travaille moins. Cependant quand je regarde la terre couverte de neige, ce temps sombre et épais, quand je songe dans quel climat il va, et l'excessive délicatesse dont il est sur le froid, je suis prête à mourir de douleur. Je supporterois son absence, si je pouvois me rassurer sur sa santé.

Il faut que je suspende un moment ma douleur pour vous rendre compte de ses projets, des miens, de ses démarches et des miennes (1).

Il est allé à Bruxelles attendre de mes nouvelles et des vôtres; c'étoit la ville la plus proche et la plus commode où il pouvoit en attendre. Ainsi, dès que vous aurez reçu cette lettre, écrivez-lui : *A M. de Renol, négociant, à Bruxelles.* Il y attendra sûrement votre lettre : je suis assez fâchée de le savoir dans la même ville que Rousseau; mais j'espère qu'il ne s'y fera pas connoître. Il ira de là à Amsterdam, où l'on fait actuelle-

---

(1) M. de Voltaire avoit cru devoir quitter la France, où il étoit menacé d'être arrêté par suite de la publication des *Lettres philosophiques*, du *Mondain*, etc.

ment une édition complète de ses ouvrages, et cela malgré lui ; sous prétexte de corrections, il la recule depuis plus d'un an ; mais les libraires lui ont signifié qu'ils n'attendroient plus et qu'ils travailleroient sans les corrections ; j'ai vu les lettres. Il va donc travailler et présider à cette édition : il donnera, à ce qu'il m'a promis, dans cette occasion, des marques de sa sagesse, surtout pour les petites pièces fugitives et pour les *Lettres philosophiques ;* il empêchera qu'on ne cote ces dernières au nombre des tomes, et qu'on n'y mette son nom. Pendant ce temps, il consultera Boërhave sur sa santé. Il faut qu'il songe sérieusement à la rétablir par un régime suivi ; et enfin il y fera imprimer son *Essai sur la Philosophie de Newton,* qui est un ouvrage qui mérite ses soins et qui lui fera grand honneur. Il ne se fera connoître à personne, et son libraire seul aura son secret ; ce libraire dépend de lui et le lui gardera sûrement, car il en attend sa fortune.

Voilà quelle sera sa conduite, et je trouve assez sensé d'employer le temps où il faut que nous soyons séparés à donner une édition sage et correcte de ses œuvres, à faire imprimer un ouvrage qui peut accroître sa réputation, et à rétablir sa santé. Il enverra ce livre sur la *Philosophie* à Paris, pour y être imprimé avec approbation ; car il n'y a rien dedans qui puisse l'empêcher ; et cela, avec l'*Enfant prodigue*, pourra faire un très-bon effet ; mais son premier soin est qu'on l'ignore en Hollande et qu'on le croie en Prusse : comme il y a cent cinquante lieues de chemins presque impraticables, que la saison est fort rude et sa santé connue pour très-mauvaise, on ne sera pas étonné qu'il ne soit point arrivé et qu'il soit long-temps en chemin ; ensuite, dans six semaines ou deux mois, on dira qu'il est tombé malade en voyage, ce qui n'est que trop vraisemblable, pourvu encore que cela ne soit pas réel. Vous voyez que tout dépend de sa sagesse en Hollande et de son *incognito*: assurez-vous de l'un et de l'autre. Je vois, par la douleur extrême dont ses lettres sont remplies, qu'il n'y a rien qu'il ne fît, même les choses les plus opposées à son caractère, pour passer sa vie avec moi. Je lui ai fait sentir la nécessité d'être sage et ignoré; ainsi il sera sûrement l'un et l'autre.

Je ne veux point absolument qu'il aille en Prusse, et je vous le demande à genoux: il seroit perdu dans ce pays-là; il se passeroit des mois entiers avant que je pusse avoir de ses nouvelles; je serois morte d'inquiétude avant qu'il revînt. Le climat est horriblement froid. De plus, comment revenir d'un moment à l'autre? au lieu qu'en Hollande c'est comme s'il étoit en France; on peut le voir d'une semaine à l'autre; on a des nouvelles. Ses affaires ne sont point désespérées; vous me flattez qu'elles finiront peut-être dans quelques mois: pourquoi donc aller si loin? Je pourrois ce printemps la revoir à la cour de Mme. de Lorraine, quelque part où elle soit, ou dans quelque maison tierce ; car il n'y a point d'ordre qui l'en empêche. Cette espérance me fait vivre ; si vous me l'ôtez, vous me ferez mourir. Son séjour en Hollande peut lui être utile ; celui en Prusse ne peut que lui nuire. Toutes ces réflexions ne sont rien encore auprès de celles que me fournit le caractère du roi de Prusse. Le prince royal n'est pas roi ; quand il le sera, nous irons le voir tous deux ; mais jusqu'à ce qu'il le soit, il n'y a nulle sûreté. Son père ne connoît d'autre mérite que d'avoir dix pieds de haut; il est soupçonneux et cruel; il hait et persécute son fils; il le tient sous un joug de fer ; il croiroit que M. de Voltaire lui donneroit des conseils dangereux ; il est capable de le faire arrêter dans sa cour ou de le livrer au garde des sceaux (1). En un mot, point de Prusse, je vous en supplie; ne lui en parlez plus; recom-

---

(1) M. de Chauvelin.

mandez-lui de se cacher et d'être sage, et ne paroissez pas instruit de ce qu'il compte faire en Hollande ; il ne manquera pas de vous le mander.

Voilà ses projets et les miens, voici notre conduite : je n'avois écrit à personne encore, et il me mande : « J'é-» cris à madame de Richelieu ; mais » je ne lui parle presque pas de mon » malheur ; je ne veux pas avoir l'air de » me plaindre ». Il faut considérer que, quand il a écrit cela à Mme. de Richelieu, il ne doutoit pas qu'il n'y eût un ordre contre lui : nous croyions l'un et l'autre que je trouverois cet ordre à Cirey à mon retour ; car je fus le conduire quelque temps. Ainsi, ce voyage n'a nullement eu l'air d'une fuite : ce *presque pas* m'a embarrassé sur la façon dont j'écrirois à Mme. de Richelieu ; car que l'un mande blanc et l'autre noir, cela n'est pas raisonnable et marque une défiance qui empêche les gens de vous servir dans la suite.

Voici le parti que j'ai pris : j'ai mandé

à Mme. de Richelieu son voyage en Prusse ;
« que les instances du prince royal l'ont
» rendu indispensable ; que j'espérois que,
» pendant son absence, elle ne l'oublie-
» roit pas ; que je la priois de parler de
» son voyage au garde des sceaux, qui
» sans doute ne le désapprouveroit pas ;
» la reconnoissance seule le lui avoit fait
» entreprendre, et je la conjurois de pro-
» fiter de cette occasion et de son ab-
» sence pour tâcher de démêler les dispo-
» sitions du garde des sceaux, et le faire
» expliquer sur son compte ; qu'elle lui fit
» sentir combien il seroit honteux à lui de
» persécuter un homme que les princes
» étrangers traitoient avec tant de consi-
» dération ; il ne donneroit jamais rien
» au public qui pût fournir le moindre
» prétexte contre lui ; qu'on devoit être
» content de sa conduite depuis qu'il étoit
» ici ; le *Mondain* ne pouvoit pas être un
» prétexte sérieux ; que cependant on l'a-
» voit menacé à ce sujet, quoiqu'il ne fût
» point imprimé ; enfin, depuis un an, il
» avoit donné une comédie et une tra-

» gédie, et des menaces ne devoient pas
» être la récompense d'un homme qui fai-
» soit tant d'honneur à son pays ».

Voilà le précis de ma lettre : celle que j'ai écrite au bailli (1) est à peu près sur le même ton. Du reste, j'ai mandé tout simplement son départ aux autres sans entrer dans aucuns détails. Voilà ma conduite, et je n'en aurai point d'autre, à moins que vous ne me le disiez. Pardonnez-moi la longueur de cette lettre; j'ai cru nécessaire de vous dire tout cela. En m'écrivant sous le nom de Mme. de Chambonin, mettez simplement à *Bar-sur-Aube*. Le nom de Cirey est inutile, et ne serviroit qu'à exciter la curiosité. J'envoie chercher mes lettres à Bar-sur-Aube.

Adieu, respectable et tendre ami ; ne vous lassez point de nous faire du bien, ni de recevoir les assurances d'une re-

---

(1) Le bailli du Froulay, oncle de Mme. du Chastelet.

connoissance qui durera autant que ma vie.

Je vous ai écrit ce matin, par Vassy, une lettre pour les curieux, qui ne veut rien dire.

Vendredi à midi.

LETTRE 2.

30 décembre 1734.

Il faut encore que je fasse des réflexions, car mon sort est de vous en assommer; mais l'amitié permet tout, et je crois ce que j'ai à vous dire aussi vrai et aussi nécessaire qu'il est cruel.

Voici, je crois, le nœud de cette malheureuse affaire que je vais vous débrouiller : c'est bien là ce qu'on peut appeler l'abomination de la désolation; je n'y ai arrêté mon esprit qu'aujourd'hui. Dans les premiers momens du malheur on est atterré, et toutes les facultés de l'âme sont suspendues : on les recouvre petit à petit ; on devient alors plus capable de souffrir et de sentir, pour ainsi dire, son malheur de tous les côtés, de toutes les façons, d'en voir enfin toutes les faces. Je suis donc assez revenue à moi pour envisager le mien tout entier, et je crois que vous allez être bien étonné quand je vous dirai que l'excès de la douleur où j'ai été plongée jusqu'à présent n'est rien en comparaison de l'accablement où me jette l'idée dont je vais vous entretenir.

M. de Voltaire, m'avez-vous mandé, *auroit été arrêté depuis long-temps, sans le respect qu'on a pour votre maison, et l'on devoit même écrire à M. du Chastelet, pour le prier de ne plus lui donner asile.* Mais on a bien envoyé un exempt chez M. de Guise (1). Or, il n'y a nulle apparence qu'on ait pour la maison de M. du Chastelet, un

---

(1) A Montjeu, où M. de Voltaire se trouvoit pour le mariage du duc de Richelieu avec Mlle. de Guise.

égard qu'on n'a pas eu pour celle de M. le prince de Guise. Cette réflexion est forte, et on n'a rien, je crois, à y répondre. Ajoutez-y que cette prière ou cet ordre à M. du Chastelet étoit un avis donné à M. de Voltaire, et par conséquent on devoit être bien sûr qu'il se mettroit en sûreté, ce qu'on ne devoit ni souhaiter, ni permettre, si on avoit eu envie de l'arrêter, et qu'on eût cru en avoir sujet.

Nous devons donc chercher ailleurs les raisons de cet étrange dessein, et je crois les avoir trouvées : il faut que quelqu'un de ma famille ait parlé au cardinal (1) et au garde des sceaux ; quelque propos du public, quelque *lampon* peut-être aura été le prétexte d'une vengeance assurément bien odieuse, et je sais d'où elle vient ; voilà ce qu'il y a encore de plus singulier. J'ai le malheur d'être cousine germaine et de porter le même nom qu'un homme qui a été en place : cet homme me hait depuis long-

---

(1) De Fleury.

temps dans son cœur pour des raisons qu'il ne me convient pas de dire ; mais sa haine n'ayant point de prétexte, les dehors d'une amitié froide, telle que la proximité du sang nous la prescrivoit, lui servoient de voile. Depuis environ six mois, ce voile est déchiré, et je suis brouillée avec lui ouvertement. L'histoire en seroit trop longue à vous dire; il suffit, pour vous donner une idée de son caractère, que vous sachiez que c'est pour avoir tiré d'oppression une fille de feu mon père qu'il tyrannisoit depuis sa mort, et dont j'ai pris le parti contre lui avec hauteur, et cela par la seule pitié que l'état de cette malheureuse m'inspiroit. Depuis long-temps brouillé avec ma mère, il s'est alors raccommodé avec elle pour être à portée de l'animer contre moi ; il lui a fait écrire une lettre à M. du Chastelet, pour me forcer à lui abandonner la personne que j'ai prise sous ma protection (laquelle, par parenthèse, est religieuse et a cinquante ans). Cette lettre de ma mère eût brouillé tout autre ménage ; mais heureusement je suis sûre des bontés de M. du Chastelet.

Il n'est nullement impossible, et il n'est même que trop vraisemblable que cet homme aura parlé aux ministres : *il ne tient qu'à vous d'empêcher que*, etc. etc., leur aura-t-il dit ; *c'est un service qu'il faut rendre à M. du Chastelet.* Peut-être se sera-t-il servi du nom de ma mère ; je n'en sais rien ; mais pesez bien les paroles de la lettre du bailli, qui assurément les épargne : *il n'y a que les propos du public qui puissent attirer noise ; il faut le craindre, le respecter, et ne lui point donner sujet à parler.* A quoi cela peut-il se rapporter, sinon à moi ? Que peuvent les propos du public contre un homme public comme M. de Voltaire ? Le public passe sa vie à parler de lui ; ils ne devroient sans doute ne me faire d'autre mal que celui de m'affliger ; mais ils ne devroient point m'*attirer noise*, surtout ayant mon mari pour moi. Que peuvent donc signifier ces paroles du bailli, sinon qu'on en pourroit prendre occasion de me perdre? Joignez à cela ma première remarque sur le prétendu respect que l'on a pour notre maison, respect que l'on n'a point eu pour celle de M. le prince de Guise, pour le moins aussi respectable, et, de plus, la certitude où l'on étoit par là de donner un avis à M. de Voltaire, et par conséquent de manquer ce qu'on projetoit, si on vouloit l'arrêter. De plus, on ne prend pour prétexte que de prétendues lettres de M. de Voltaire, interceptées : mais, en vérité, c'est ne rien dire que de dire des choses si vagues, et c'est bien une marque qu'on a une raison qu'on veut cacher : ce n'est point sûrement les lettres au prince de Prusse, car le garde des sceaux en a paru content en les lisant. Je sais à peu près toutes les correspondances de M. de Voltaire, et je vous assure qu'il n'y a que celle-là dont on pût prendre quelque ombrage; encore c'est un excès de prudence qui me le faisoit craindre; mais la lettre du bailli doit me rassurer. Vous me mandiez dans votre lettre, que vous étiez de mon avis sur les causes de mon malheur ; or, puisqu'il n'est point occasionné par la correspondance du prince royal, il faut donc qu'il ait une autre cause. Au reste, je suis persuadée que le bailli aura calmé l'orage, et que, par ces paroles, *il n'y a que les propos du public qui puissent attirer noise, il faut le respecter*, etc., il me donne avis de me tenir sur mes gardes.

On aura peut-être pris cette épître sur la *Philosophie de Newton*, qui m'est adressée sous le nom d'*Emilie*, pour prétexte. S'il est bien singulier qu'il y ait un homme assez méchant pour être capable de ce procédé dont je vous parle, il l'est encore plus que les ministres l'écoutent ; mais la dévotion aide encore à ces actions-là ; voilà à quoi elle sert ; et, de plus, je sais que le garde des sceaux a été piqué d'une lettre (un peu trop forte à la vérité) que je lui écrivis l'année passée au sujet des bruits qui coururent sur

sur *Jeanne* ; il aura saisi l'occasion de s'en venger.

Je sais que votre cœur, accoutumé à la vertu, aura de la peine à se familiariser avec l'idée d'une action si noire et à en croire quelqu'un coupable ; mais croyez que les hommes sont capables de tout. Pesez mes raisons, et voyez. Je souhaite bien sincèrement de me tromper ; mais si je ne me trompe pas, comme j'en ai bien peur, il est de la dernière importance que je le sache : cela changeroit toute ma vie ; il faudroit abandonner Cirey, du moins pour un temps, et venir demeurer à Paris. Là, on n'aura point le prétexte de prier M. du Chastelet de ne lui point donner d'asile, et nous pourrons du moins nous voir. Il faudroit que j'eusse le temps de prévenir M. du Chastelet de loin ; car nos affaires sont arrangées pour demeurer ici au moins encore deux ans. Nous y avons fait bien de la dépense ; mais cela ne fait rien ; j'en viendrai à bout, pourvu que je le sache. Il est bien affreux de quitter Cirey; mais tout vaut mieux que la lettre à M. du Chastelet, qui viendroit tôt ou tard, et puis nous jouirons de votre amitié à Paris. Je vous demande donc à genoux d'éclaircir ce mystère d'iniquité; mon honneur et mon repos en dépendent. M. de Maurepas le sait sûrement, ou du moins est à portée de le savoir. Ne lui nommez pas la personne, car je sais qu'il a des liaisons de bienséance avec elle : ne parlez que de ma mère, et détaillez-lui les motifs que j'ai de croire que ce n'est point la raison qu'il vous a dite qui fait notre malheur.

Je vous avoue, quand je pense que je suis la cause du malheur de votre ami, que je suis prête à mourir de douleur : c'est une sorte de supplice que je ne connoissois pas et que je croyois ne jamais connoître. Heureusement, je suis sûre de M. du Chastelet; c'est l'homme le plus respectable et le plus estimable que je connoisse, et je serois la dernière des créatures, si je ne le pensois pas. Je crains que l'on ne révoque en doute le départ de votre ami; car la même raison qui fait qu'il pourra être de retour ici dans trois mois sans qu'on le sache, fait aussi qu'on peut fort bien l'y croire encore. Ce qui vous surprendra, c'est qu'on a mandé dans cette province que ma famille se mêloit de cette affaire, car on se doute de la vérité ; mais comme cela venoit d'assez mauvais lieu et me paroissoit incroyable, je n'y ai fait nulle attention d'abord. Au reste, ma famille consiste en ma mère, l'homme dont je vous parle, un frère qui est mon ami intime, et le bailli, qui assurément en est incapable. Je crois que ces réflexions rendent encore la lettre que je projetois d'écrire au bailli, plus nécessaire. Ma vie, mon état, ma réputation, mon bonheur, tout est entre vos mains : je ne ferai pas une démarche que vous ne me guidiez; c'est sur quoi vous pouvez irrévocablement compter, et jamais je n'abuserai des choses que votre amitié croira nécessaire de me dire.

Il faudroit inventer une langue pour

vous exprimer la honte où je suis de toutes les peines que je vous donne, et la vivacité de ma reconnoissance et de mon amitié.

Je vous demande pardon de mon griffonnage ; mais j'ai la tête, le cœur et la santé dans un si déplorable état, que je n'ai pas la force de recommencer ma lettre.

P. S. Je reçois dans le moment des lettres de Paris. On me mande que M. de Villefort, qui est venu ici, en a fait des descriptions qu'on a brodées et dont on a fait un conte des fées. Ce qu'on me mande n'a ni tête, ni queue, ni rime, ni raison ; ce sont peut-être ces beaux contes qu'on a pris pour prétexte : tout cela me paroît aussi fou qu'horrible ; la réalité l'est bien davantage. Je suis à cent cinquante lieues de votre ami, et il y a douze jours que je n'ai eu de ses nouvelles. Pardon, pardon ; mais mon état est horrible.

LETTRE 3.

31 décembre 1734.

La tête me tourne d'inquiétude et de douleur; vous vous en appercevez bien à mes lettres. Je n'ai pas eu de nouvelles de votre ami depuis le 20; cependant je suis sûre qu'il m'a écrit. Il peut arriver tant d'accidens en chemin, sa santé est si mauvaise, que les choses les plus sinistres me passent par la tête, et que je suis prête souvent à céder à mon désespoir. Il se peut encore qu'on ait reconnu son écriture et qu'on ait arrêté ses lettres; car je viens d'apprendre, de mon correspondant en Lorraine, que les lettres passoient par le grand bureau de Paris. Si cela est, je n'en recevrai plus de nouvelles; son écriture est bien connue et bien remarquable : voilà un de mes malheurs, et assurément il est bien sensible. Il y a quinze jours que je ne passois point sans peine deux heures loin de lui ; je lui écrivois alors de ma chambre à la sienne, et il y a quinze jours que j'ignore où il est, ce qu'il fait ; je ne puis pas même jouir de la triste consolation de partager ses malheurs. Pardonnez-moi de vous étourdir de mes plaintes ; mais je suis trop malheureuse.

Thiriot et mille autres me mandent que les uns disent qu'il s'est dérobé à un orage prêt à fondre sur lui ; les autres, qu'il est allé faire imprimer la *Pucelle* et *Louis XIV* ; d'autres me mandent que le ministère est irrité qu'il soit parti sans congé ; qu'on lui fermera le retour, et que même, s'il n'est pas passé, on l'arrêtera sur la frontière. C'est à vous à conduire au port un vaisseau battu de tant d'orages. Si on ne cherchoit qu'à l'eloigner, nous aurions donné dans le piége : *Incidet in Scyllam cupiens vitare Charybdim.* J'ai toujours prié madame de Richelieu d'instruire le garde des sceaux de son départ, et de l'assurer qu'aucun mécontentement ni aucun mauvais dessein ne l'avoit occasionné. Si le garde des sceaux paroît fâché qu'il n'ait pas demandé la permission, madame de Richelieu répondra qu'il ne s'est pas cru un homme assez considérable dans l'Etat pour informer le ministère de son départ; qu'il y auroit eu à cela une vanité qui n'est point dans son caractère. Je vous en prie, instruisez-moi de la façon dont cela aura été pris à la cour. Si mes soupçons, dont je vous ai fait part dans ma dernière lettre, sont fondés, si l'on ne demande qu'à nous séparer et à l'éloigner, ce que cette lettre projetée à M. du Chastelet rend très-vraisemblable, on prendra la balle au bond, on lui fermera le retour; et, s'il veut revenir, il se prendra au trébuchet à la frontière. Quand il sera temps de faire courir le bruit qu'il est tombé malade en chemin, vous le répandrez et vous me le manderez, afin que je l'écrive.

Sur toutes ces considérations, je conclus, 1°. que ma lettre au bailli est de toute nécessité : je voudrois qu'elle fût écrite et reçue ; j'attendrai pourtant votre permission. Je le crois fâché de ce départ ; il le regarde comme une fausse démarche, après la lettre rassurante qu'il m'a écrite et que je vous ai envoyée. Je crois, en second lieu, que, puisqu'il ne peut aller en Prusse à cause du caractère du roi, de sa santé et de la douleur affreuse que ce voyage me causeroit, je crois, dis-je, qu'il ne faut pas, vu tous les bruits qui courent, que son absence soit longue, de peur que, lorsqu'on aura découvert qu'il n'est point en Prusse, on ne donne des ordres sur la frontière ; et, dans ces dispositions, il faut surtout qu'on ne le sache point en Hollande ; car on croiroit sûrement que *Jeanne* et l'*Histoire de Louis XIV* l'y ont mené, surtout ayant caché sa marche ; et vous savez qu'on commence par punir avant d'examiner. Le ministère français a du crédit en Hollande, et a surtout celui de l'empêcher de revenir ici. Si l'on a découvert son adresse par ses lettres, on aura aussi arrêté les miennes. Si je suis encore une semaine sans en recevoir, j'enverrai un courrier à Amsterdam. Si vous aviez quelque chose d'important à lui faire savoir ou à me mander, faites-moi apporter la lettre par du L.; il saura toujours où prendre de l'argent, et je l'enverrois tout de suite d'ici. Notre ami est sûrement à Amsterdam; et celui qui ne l'y trouveroit pas, en se réclamant de vous ou de moi, seroit bien sot.

Au nom de l'amitié et de mon malheur extrême, calmez-moi, répondez-moi, et ayez pitié de mon état. Je n'ouvre mon cœur qu'à vous; il n'y a que vous qui puissiez véritablement m'instruire, et sur les avis de qui je veuille me conduire. Comptez que le ministère a les yeux sur lui, qu'il cherchera à deviner où il est, et que, s'il le sait en Hollande, il l'empêchera de revenir. S'il a été bien nécessaire de prévenir l'orage, il l'est pour le moins autant d'empêcher qu'on ne s'oppose à son retour. Vous avez marqué le moment de son départ; vous marquerez celui qui le ramenera. Votre prudence conduira tout ; j'y ai une confiance aveugle : vous l'avez vu par la promptitude avec laquelle il est parti. Dites-lui donc, je vous prie, qu'il ne peut trop se cacher, et qu'il soit prêt à revenir au moment que vous le lui manderez. Hélas ! ne vous repentez-vous point d'avoir attaché votre cœur à deux personnes si malheureuses? Il est bien beau à vous de ne vous en pas rebuter. Dites-moi donc comment je ferai pour vous exprimer mon amitié et ma reconnoissance.

LETTRE 4.

Janvier 1735.

JE reçois votre lettre du 29. Je ferois partir dans le moment le courrier pour le bailli; mais je crois plus prudent d'attendre la poste de vendredi, qui, à ce que j'espère, m'apportera la réponse à une lettre où je vous parlois d'une crainte que confirment toutes les réflexions que j'ai faites depuis ce temps-là. Votre réponse sur cela pourroit me faire ajouter quelque chose à ma lettre; mais si elle n'arrive pas vendredi, mon courrier partira samedi.

Je vous ai fait connoître toutes mes craintes et tout ce que les Richelieu, les Thiriot et mille autres me mandent : hélas ! il eût peut-être suffi d'envoyer un courrier au bailli, comme nous faisons aujourd'hui.

Je crains mortellement qu'on ne se fâche de son départ sans permission ; que le ministère soupçonneux ne découvre qu'il est en Hollande, ou du moins ne soit sûr qu'il a caché sa marche et qu'il n'est point allé en Prusse ; que, s'ils sont en colère, ils ne prennent ce prétexte pour s'en défaire, et qu'ils ne disent qu'étant sorti du royaume sans permission, ils ne veulent point qu'il y rentre. Si mes craintes sont vraies, si on a animé le ministère contre lui par rapport à moi, cet ex-ministre dont je vous ai parlé aura gagné sa cause : nous voilà séparés. Il n'y a qu'à le laisser où il est, dira-t-on, et nous, nous serions pris au trébuchet. Enfin, votre amitié nous a séparés, nous a plongés dans l'enfer ; c'est à elle à nous en retirer. Au nom de cette amitié et de mon malheur extrême, mandez-moi la façon dont on a pris son départ à la cour. Il y a quinze jours que je n'ai eu de ses nouvelles ; je crains qu'on n'ait retenu ses lettres : je joins à tous mes maux l'inquiétude de sa santé, qui est le plus grand de tous. Au nom de Dieu ! songez aux dangers qu'il court d'être découvert en Hollande, et de perdre par là l'espoir de revenir ici. J'en mourrois de douleur : vous n'en douteriez pas, si vous pouviez voir celle qui me consume, et cependant j'ai encore de l'espérance : que sera-ce si je la perds ?

Quand il sera temps de dire qu'il est

tombé malade en chemin, vous me le manderez. J'ai déjà écrit que son voyage seroit très-long à cause de sa mauvaise santé et de la rigueur de la saison, et que je lui avois bien conseillé de séjourner en chemin pour se reposer. Quand le bruit qu'il est tombé malade en chemin sera répandu, il peut revenir ici aussitôt que vous le voudrez, et y être plus de trois mois sans qu'on le sache, si le ministère ne le cherche pas. Croyez-moi, ne le laissez pas long-temps en Hollande; il sera sage les premiers temps; mais souvenez-vous

<blockquote>Qu'il est peu de vertu qui résiste sans cesse.</blockquote>

Il ne peut aller en Prusse; vous en êtes convenu : tâchons donc qu'il revienne. Voici encore un expédient : je puis, si vous voulez, aller en Lorraine. Qu'il commence par revenir à Lunéville, et accoutume le ministère peu à peu à son retour : il sera tombé malade en allant en Prusse; il aura été à Plombières, et de là à Lunéville : voyez. Je l'aimerois bien mieux ici; mais si Lunéville étoit plus sûr et plus prompt, il n'y a rien que je ne fasse.

Dès que j'aurai la réponse du bailli, je *lui* enverrai un courrier, fût-il à Constantinople. Ainsi, si vous voulez lui écrire en liberté, vous n'aurez qu'à donner la lettre à mon courrier; et quand vous lui écrirez par quelque voie que ce soit, vous ne pouvez trop lui adoucir l'esprit, le préparer à son retour, et lui marquer l'extrême danger qu'il court de ne plus revenir quand il le voudra, s'il ne revient pas quand il le peut. Vous aurez plus de peine à le faire revenir, que nous n'en avons eu à le faire partir, soyez-en sûr. Recommandez-lui la sagesse et l'*incognito*.

Vous ne me mandez point ce que vous pensez de la lettre que m'a écrite le bailli; car elle doit vous faire voir, ou que l'on est bien dissimulé, ou que l'orage en question doit être appaisé; elle doit vous prouver surtout que ce n'est pas le commerce du prince de Prusse, comme nous le craignons, que ce n'est pas non plus le *Mondain* qui fait son danger : qu'est-ce donc ? Voilà ce que vous ne me développez point, et ce qui seroit cependant bien essentiel à savoir. Vous ne me mandez pas non plus si vous ne craignez pas que l'on parle à M. du Chastelet, qui doit aller incessamment à Paris : cela est pourtant aussi bien essentiel ; car je pourrois empêcher ce voyage à toute force ; mais il ne faut pas user son crédit, si cela est inutile. Tirez-moi d'inquiétude, je vous prie. Je vais faire mon possible pour que cette lettre parte aujourd'hui : cela est bien hasardé ; je suis à quatre lieues de toutes les villes. Samedi, mon courrier partira. M. du Chastelet est allé en Lorraine : je veux profiter de ce temps-là pour faire partir le courrier.

Adieu : plaignez-moi ; pardonnez-moi mes importunités, et consolez-moi par vos lettres et surtout par votre amitié.

Vous devez savoir depuis long-temps que votre ami n'est point à Bruxelles ; il n'a fait qu'y coucher ; il est allé tout droit en Hollande. Est-ce que vous n'auriez pas reçu toutes mes lettres ? car je vous l'ai mandé expressément : autre inquiétude qu'il faut lever. Ecrivez-moi par la poste, sans attendre mon courrier.

LETTRE 5.

Janvier 1735.

Vos lettres portent la paix et la consolation dans mon âme, et je vous jure que j'en ai bien besoin. Vous aurez reçu une lettre de moi par la dernière poste, où je vous faisois part d'un projet pour le bailli de Froulay. Je souhaite que vous l'approuviez, et je le crois bien nécessaire ; car je crains toujours qu'on ne croie point à ce départ de M. de Voltaire, et qu'au mois de janvier on ne reparle contre lui à M. du Chastelet, dont je retarderai bien le départ jusqu'à ce que je sois sûre du contraire. Enfin, j'attends votre réponse pour me décider.

Mandez

Mandez bien à M. de Voltaire qu'il ne faut pas que son voyage soit trop long, et ne craignez pas qu'il soit trop court. Il aura bien des affaires où il va, et, je vous le répète, il ne faut pas l'y laisser trop long-temps. Il finira sûrement sa *Philosophie* (*de Newton*) avant de travailler à autre chose ; mais la finir, c'est la faire imprimer ; car elle est faite : il l'enverra aussi à Paris. Ainsi, il n'y aura rien à lui reprocher ; mais peut-être dans sa chaise de poste fera-t-il une tragédie ; il en avoit une de commencée dont j'ai vu le plan. Vous savez que chez lui une étude n'exclut point l'autre. Il va corriger tous ses ouvrages : recommandez-lui la sagesse dans cette édition ; la tranquillité de sa vie en dépend. Je voudrois du moins que ce malheur-ci affermît notre bonheur pour toujours, et cela ne se peut sans que le bailli ne parle : il nous faut *une compagnie d'assurance* pour dormir en repos. Mais que nous sommes loin de cet état ! Chaque pas qu'il fait met un univers entre lui et moi.

J'ai reçu des nouvelles de lui de Bruxelles. Si sa santé soutient tant de tourmens, ce sera bien heureux. Il me mande qu'il est bien foible et bien harassé. Quelle saison et quel voyage !

Mais tout vaut mieux que la lettre à M. du Chastelet, et je ne cesserai de vous remercier de me l'avoir fait éviter. Il n'a pas séjourné à Bruxelles, et j'en suis bien aise ; Rousseau y est, et, de plus, il y est trop connu. Il va droit à Amsterdam pour présider à l'édition de ses ouvrages. J'ai eu de ses nouvelles d'Anvers du 20 ; il alloit s'embarquer sur les canaux : j'espère qu'il est arrivé à présent. Recommandez-lui, je vous prie, de se bien cacher : il m'y paroît bien résolu ; il évitera par là tous les commentaires qu'on feroit sur son séjour en Hollande, surtout ayant annoncé qu'il alloit en Prusse ; cela auroit l'air ou de quelque dessein caché, ou de fuir.

Je crois que vous avez bien raison : s'il restoit trop long-temps, on le prendroit au mot ; et si vous le lui mandez, cela suffira pour le déterminer. Ne craignez que la longueur de son voyage : la liberté a de grands charmes, et les libraires ne finissent point. Quoiqu'il arrive et quelque favorablement que tournent les choses, il passera sûrement l'hiver où il est : je l'aime trop véritablement pour souffrir qu'il se remette en chemin par le mauvais temps ; ainsi j'espère que ce terme suffira. Une de mes espérances, c'est que l'édition de ses ouvrages l'occupera et le consolera : je sais l'effet que le chagrin fait sur lui, et je vous jure que l'inquiétude de sa santé fait mon plus grand malheur. Les lettres que vous lui écrirez à Bruxelles lui seront rendues jusqu'à ce qu'il vous ait donné une adresse à Amsterdam : ce sera là vraisemblablement qu'il se fixera. Surtout qu'il ne sache rien du dessein qu'on avoit d'écrire à M. du Chastelet : consolez-le, et dites-lui qu'il faut qu'il borne son absence ; qu'une trop longue lui feroit un tort irréparable, et qu'il soit sage et caché. J'avois laissé le présent de Mlle. Gaussin à votre discrétion. Ainsi, c'est autant d'épargné. Je serois charmée qu'on reprît l'*Enfant* (1), et lui aussi. Les comédiens et le public seroient bien à plaindre sans lui. Son départ pour la Prusse est annoncé dans la *Gazette de Hollande*, du 21 décembre. Quand il en sera temps, nous y ferons insérer qu'il est tombé malade en chemin, et puis on n'en parlera plus, et il reviendra quand vous nous le direz : il faut même que vous fassiez attention qu'il pourra être ici plus de trois mois sans qu'à Paris on le sache revenu ; cela le dispensera d'écrire, et fera un grand bien. Si tout le monde comptoit comme moi, il auroit déjà plus d'une année d'absence.

Permettez-moi de faire une réflexion avec vous sur la conduite que le ministère tient avec lui, qui me paroît bien singulière ; car, s'il vous plaît, que peut-

---

(1) L'*Enfant prodigue*.

on gagner à l'inquiéter tous les jours et à le forcer de quitter sa patrie? Tant qu'il y est, il est obligé d'être sage: qui l'y obligeroit, s'il avoit perdu l'espoir d'y revenir? Le projet qu'on avoit d'écrire à M. du Chastelet étoit contre moi et non contre lui: c'étoit lui donner un avis et seulement faire mon malheur. Le garde des sceaux sait les chaînes qui nous lient; il sait que l'envie de vivre avec moi le contiendra: quel plaisir trouve-t-il à remplir notre vie d'amertume? Nous ne sommes point ses ennemis, et nous ne le voulons point être: cela me jette dans des réflexions où je me perds, et me fait croire qu'il faut que le bailli parle; s'il le fait, ce sera avec sagesse. Plus j'y pense, plus je crois qu'on avoit pris ombrage du commerce avec le prince royal, mais que la démarche que j'ai faite d'envoyer les lettres au garde des sceaux l'a appaisé; je ne sais comment il prendra son départ.

Je reçois par cette poste une lettre de Mme. de Richelieu, fort embarrassante.

Je vous ai mandé à peu près ce que contenoit celle que je lui avois écrite ; elle plaint mon malheur, mais elle condamne Voltaire d'avoir pris sitôt le parti d'aller en Prusse. Il me paroît qu'elle le croit ; et comme elle sait l'excès de son attachement pour moi, elle se doute bien qu'il ne m'a pas quittée à propos du prince royal seul. Là-dessus, elle me fait des reproches de notre peu de confiance en elle. « Il n'y a rien à craindre, dit-
» elle, quand elle ne craint pas ; elle a
» la parole du garde des sceaux : les
» bruits du *Mondain* sont appaisés ; nous
» ne la consultons jamais. Elle craint que
» le garde des sceaux ne prenne en mal
» un départ sans permission ; mais elle
» lui en parlera ». Voilà sa lettre : je lui répondrai sur le même ton dont je lui ai écrit la première fois ; et si jamais elle savoit la vérité, je lui dirai que je n'ai osé la confier à la poste. Elle est pleine d'amitié et de bonne volonté ; mais elle a bien moins de véritable crédit sur l'esprit du garde des sceaux que le bailli.

Enfin, vous me mettez à mon aise en étant de mon avis sur le voyage de Prusse. Mandez-le lui donc, je vous prie, et ne parlons plus de ce projet qui me faisoit mourir de douleur et de crainte.

Soyez tranquille; il va corriger l'*Enfant* suivant vos remarques.

Vous savez sans doute que le prince royal est le même à qui son ogre de père a voulu faire couper la tête il y a trois ou quatre ans.

LETTRE 6.

13 janvier 1735.

Votre amitié a été effrayée, et je n'en suis point surprise. J'ai eu une lettre du 31, le jour même où j'ai reçu cette *Gazette*, et cependant je ne pouvois m'empêcher d'avoir peur. Il n'y a rien à craindre; il ne se portoit pas à la vérité trop bien, mais il n'étoit pas malade. Pour la *Pucelle*, je vous en réponds, et c'est peut-être la seule chose dont je puisse répondre. Je n'ai nulle part à cet article de la *Gazette*, et je crois, ni lui non plus, et il n'en a sûrement pas à la broderie de *Gervasi*. Ses lettres sont près de trois semaines à venir : mon état est affreux. J'ai peur que cette *Gazette* ne lui porte malheur : s'il alloit être réellement malade, je le serois bien plus que lui.

Le chevreuil est sans doute arrivé pourri. Je mets au grand carrosse, qui partira mercredi de Bar-sur-Aube, une petite boîte à votre adresse ; j'espère qu'elle arrivera en meilleur état que le chevreuil, et je vous prie de la faire retirer exactement. Accusez-m'en la réception. Adieu. Aimez-moi à proportion de mes malheurs.

LETTRE 7.

Mardi, janvier 1735.

Je trouve une occasion sûre pour vous écrire, et vous croyez bien que je ne la manquerai pas. Avez-vous reçu mon paquet par le carrosse? S'ils l'ont visité, me voilà une personne perdue. J'espère être bientôt tirée d'inquiétude, et que vous me manderez ce qui en est. Il y a des siècles que je n'ai eu de vos nouvelles; mais je m'imagine bien que vous n'avez rien à me mander; que vous attendez que je vous instruise de la réponse du bailli, et que votre cœur veille toujours pour nous. J'attends de votre réponse par le carrosse mon bien ou mon mal, ma vie ou ma mort. Mon courrier pour la Hollande a toujours les bottes graissées.

Je vous ai écrit hier pour vous dire que j'avois eu des nouvelles du 8 : on partoit pour Amsterdam le 13, toujours dans l'intention d'y faire imprimer la *Philosophie*; elle est même annoncée dans la *Gazette* comme étant sous presse. J'espère que les lettres qu'il recevra de moi et celles que vous lui avez écrites sur ce sujet à ma prière, le feront changer d'avis. Je regarderois cela comme une fausse démarche; il y a surtout un chapitre sur la métaphysique, qui y est bien déplacé et bien dangereux. Il seroit forcé de l'ôter à Paris pour avoir l'approbation; mais, en Hollande, il le laissera. Enfin, je regarde comme un coup de partie pour son bonheur d'empêcher que cette édition d'Amsterdam ne précède celle de Paris. Je n'ai rien épargné pour l'en dissuader : j'espère que vous en aurez fait autant. Je vous en ai mandé mes raisons, aussi-bien que mes instances, pour qu'il fût d'une sagesse extrême dans cette nouvelle édition de ses œuvres ; elle est annoncée dans la Gazette, *revue par lui-même*. Il doit sentir à quoi cette annonce l'oblige, et surtout qu'il n'y mette point le *Mondain*. Il faut à tout moment le sauver de lui-même, et j'emploie plus de politique pour le conduire, que tout le Vatican n'en emploie pour retenir la chrétienté dans ses fers. Je compte que vous me seconderez : toutes mes lettres sont des sermons ; mais on est en garde contre eux ; on dit que j'ai peur de mon ombre, et que je ne vois point les choses comme elles sont. On n'a point ces préventions contre vous, et vos avis le décideront.

On m'envoie, par la lettre du 8, la copie d'une lettre au prince royal, qui est très-bien et très-sage de toutes façons; mais voici ce que j'y trouve.

J'aurai la hardiesse d'envoyer à votre altesse royale un manuscrit que je n'oserois jamais montrer qu'à un esprit aussi dégagé des préjugés que le vôtre, et à un prince qui, parmi tant d'hommages, mérite celui d'une confiance sans bornes.

Je connois ce manuscrit ; c'est une métaphysique (1) d'autant plus raisonnable, qu'elle feroit brûler son homme, et c'est un livre mille fois plus dangereux et assurément plus punissable que la *Pucelle*. Jugez si j'ai frémi; je n'en suis pas encore revenue d'étonnement, et, je vous avoue aussi, de colère. J'ai écrit une lettre fulminante; mais elle sera si long-temps en route, que le manuscrit pourra bien être parti avant qu'elle arrive, ou du moins on me le fera croire; car nous sommes quelquefois entêtés, et ce démon d'une réputation (que je trouve mal entendue) ne nous quitte point. Je vous avoue que je n'ai pu m'empêcher de gémir sur mon sort, quand j'ai vu combien il falloit peu compter sur la tranquillité de ma vie : je la passerai à combattre contre lui pour lui - même

---

(1) Cette *Métaphysique* étoit dédiée à Mme. du Chastelet. M. de Voltaire la lui avoit envoyée avec ces vers :

L'auteur de la *Métaphysique*,
Que l'on apporte à vos genoux,
Méritoit d'être cuit dans la place publique;
Mais il ne brûla que pour vous.

sans le sauver, à trembler pour lui, ou à gémir de ses fautes ou de son absence. Mais enfin telle est ma destinée, et elle m'est encore plus chère que les plus heureuses. Il faut que vous m'aidiez à parer ce coup, s'il est parable; car vous sentez bien que cette imprudence le perdra tôt ou tard sans retour. Le prince royal ne gardera pas mieux son secret qu'il ne l'a gardé lui-même, et tôt ou tard cela transpirera. De plus, le manuscrit passera par les mains du roi de Prusse et de ses ministres, avant d'arriver jusqu'à ce prince, dont vous croyez bien que tous les paquets sont ouverts par son père; vous croyez bien aussi que M. de la Chétardie (1), assez oisif d'ailleurs, a en recommandation de savoir ce qui se passe entre le prince royal et Voltaire, le plus qu'il pourra. Enfin, quand il n'y auroit que la disparate d'une telle conduite, d'aller confier à un prince de vingt-quatre ans,

---

(1) M. de la Chétardie, ambassadeur de France en Prusse.

dont le cœur ni l'esprit ne sont encore formés, qu'une maladie peut rendre dévot, qu'il ne connoît point, le secret de sa vie, sa tranquillité et celle des gens qui ont attaché leur vie à la sienne, en vérité il devroit ne le point faire. Si un ami de vingt ans lui demandoit ce manuscrit, il devroit le lui refuser; et il l'envoie à un inconnu et *prince !* Pourquoi, d'ailleurs, faire dépendre sa tranquillité d'un autre, et cela sans nécessité, par la sotte vanité (car je ne puis falsifier le mot propre) de montrer à quelqu'un qui n'en est pas juge, un ouvrage où il ne verra que de l'imprudence? Qui confie si légèrement son secret, mérite qu'on le trahisse: mais moi, que lui ai-je fait pour qu'il fasse dépendre le bonheur de ma vie du prince royal? Je vous avoue que je suis outrée; vous le voyez bien, et je ne puis croire que vous me désapprouviez. Je sens que quand cette faute sera faite, s'il ne falloit donner que ma vie pour la réparer, je le ferois; mais je ne puis voir, sans une douleur bien amère, qu'une créature, si aimable de tout point, veuille se rendre malheureuse par des imprudences inutiles et qui n'ont pas même de prétexte.

Ce que vous pouvez, et ce dont je vous supplie, c'est de lui écrire *que vous savez que le roi de Prusse ouvre toutes les lettres de son fils; que M. de la Chétardie épie tout ce qui le concerne en Prusse, et qu'il ne peut être trop réservé dans tout ce qu'il enverra et tout ce qu'il écrira au prince royal, et que c'est un avis que vous croyez lui devoir.* Mais n'entrez dans aucuns détails; car il ne me pardonneroit jamais cette lettre-ci, s'il en avoit connoissance; et cependant il faut parer ce coup, ou renoncer à lui pour toujours.

Mme. de Richelieu n'a point parlé au garde des sceaux, et j'en suis bien aise; car il eût pu la brouiller avec moi; mais elle soutient toujours sur le ton le plus affirmatif, et M. de Richelieu aussi, qu'ils ont la parole du garde des sceaux qu'il ne fera jamais rien contre M. de Voltaire sans les en avertir, et que, sur cela, nous devons dormir en repos. Je ne sais qu'en croire; mais ce qui est sûr, c'est que cette parole est la seule chose que je leur aie demandée depuis que j'habite Cirey, et qu'ils ne m'ont jamais dit l'avoir que depuis quinze jours. Mandez-moi ce que vous en pensez : apparemment que d'écrire à M. du Chastelet n'étoit pas du marché (1).

Si on avoit intercepté mes lettres, il est bon de vous dire qu'un gros paquet de lettres très-importantes doit vous être arrivé dimanche 20, par le carrosse de Bar-sur-Aube, dans une petite boîte sous des hommes de verre, et que je comptois que votre réponse repartiroit par la même voie le samedi 26.

Avez-vous reçu un chevreuil, qui peut-être est arrivé pourri ?

---

(1) On a vu que le garde des sceaux, M. de Chauvelin, avoit menacé d'écrire à M. du Chastelet que la liaison de Voltaire avec Mme. du Chastelet compromettoit l'honneur de sa maison.

Adieu.

Adieu. Ecrivez-moi : vos lettres sont la consolation de mon âme ; elles me manquent depuis quinze jours : rendez-les moi, et conservez-moi votre pitié et votre amitié. L'homme qui vous rendra cette lettre reste à Paris.

LETTRE 8.

16 janvier 1735.

ME voilà bien embarrassée : Mme. de Richelieu commence à savoir que votre ami n'est point en Prusse, et elle est très-piquée que je l'aie trompée. Que puis-je faire ? que puis-je dire ? J'ai allégué l'infidélité des postes, mais je n'ai rien mandé de plus ; elle peut me servir encore, et je l'aime tendrement. Mandez-moi ce que je puis lui dire, car je veux que vous conduisiez toutes mes démarches ; mandez-moi aussi jusqu'à quel point j'ai besoin qu'elle parle à présent. Elle prétend qu'elle avoit la parole du garde des sceaux de ne rien faire contre M. de Voltaire sans l'en avertir ; mais le fait est qu'elle ne l'a jamais eue, et la preuve, c'est qu'elle ne vous l'a jamais dit ni mandé, et elle ne vous l'auroit vraisemblablement pas caché ; de plus, j'ai sujet de croire qu'on ne la lui a point donnée. Je lui dis que, si elle peut l'avoir, je lui devrai le repos de ma vie ; que je ne me plains de rien à présent, mais que le passé saigne encore. Je ne sais si cela la satisfera.

J'ai enfin reçu des nouvelles de Thiriot : sa lettre a été retardée et apparemment ouverte. Faites un peu attention quel jour vous recevez mes lettres selon leurs dates : j'ai reçu les vôtres très-exactement. Il me paroît que M. de Voltaire ne lui a dit que la moitié de son secret, et c'est beaucoup pour lui. Je vous demande encore d'écrire comme je vous en ai prié pour empêcher l'impression de cette *Philosophie* ; cela est essentiel. Avez-vous reçu mon paquet ?

Ce seroit bien ici le temps de faire imprimer cette dissertation sur les *trois Epîtres*; cela lui feroit plus de plaisir que cela ne vaut. Il faut lui pardonner ses foiblesses: voyez ce que votre amitié peut faire. Adieu. Le temps augmente ma douleur aussi-bien que ma sensibilité pour tout ce que vous faites pour moi.

LETTRE 9.

Février 1735.

JE suis, je vous l'avoue, au désespoir du retour de ce vieux serpent de Rousseau. Il semble que ce seroit aux ministres à en être fâchés, car cela leur fera plus de tort qu'à notre ami. Je crains cependant horriblement l'effet que cela produira sur lui; il en sera dans la dernière douleur: je l'ai vu malade d'avoir lu son retour annoncé comme prochain dans un papier public; je doute qu'il veuille revenir, et je lui ai ouï dire mille fois qu'il partiroit de France le jour que Rousseau y rentreroit. Ne doutez pas que cette nouvelle ne porte son indignation au comble, et on ne peut la blâmer. J'espère qu'il ne la fera pas éclater, et je crains plus encore le chagrin que cela lui causera, que les marques publiques qu'il en donnera. Vous m'avouerez que voilà une malheureuse créature, et bien injustement. Vous ne doutez pas sans doute, et je n'en doute pas non plus, que ce ne soit par animosité contre notre ami que le garde des sceaux fait revenir ce vieux scélérat : c'est, je l'avoue, s'arracher le nez pour faire dépit à son visage; mais cela n'en désespère pas moins le plus honnête homme du monde et le plus malheureux. Il ne voudra jamais, après une animosité si marquée, revenir ici, et je suis accoutumée à sacrifier mon bonheur à ses goûts et à la justice de ses ressentimens. Je suis aussi indignée que lui, je vous le jure, et tous les honnêtes gens le doivent être. Je suis bien aise qu'il soit exilé, pendant que Rousseau revient:

le parallèle en est plus odieux pour le ministère, et cela donnera tout le public à notre ami (1).

Je ne lui proposerai point de revenir pour se tenir caché dans de pareilles circonstances. Puisqu'on veut qu'il se cache avec soin, et qu'on ne puisse découvrir le lieu de sa retraite, il y a donc du danger pour lui : or, s'il y a quelque espèce de danger, comment puis-je prendre sur moi de le faire revenir? De plus, il est entièrement impossible de le tenir caché de façon qu'on ne le découvre pas. Se cacher est une chose humiliante à laquelle il ne consentira pas; cela donne l'air coupable; il est connu ici, et l'at-

---

(1) Seroit-il besoin d'avertir ici ceux qui seroient tentés de juger sévèrement ce paragraphe, qu'il ne faut pas prendre à la lettre ces expressions de haine? Une femme aussi passionnée que Mme. du Chastelet devoit se pénétrer de tous les sentimens de M. de Voltaire avec plus de vivacité qu'il n'en éprouvoit peut-être lui-même. Ce n'est pas aux personnes de ce caractère qu'il faut demander d'être justes envers les ennemis de leurs amis.

tention, dans tous les lieux où il habite, se fixe toujours sur lui. Il y a des prêtres et des moines partout ; il est adoré des honnêtes gens de ce pays ; mais il s'y trouve, comme ailleurs, des bigots. Enfin, si, pour qu'il soit en sûreté, il faut qu'on ignore qu'il est à Cirey, il n'y faut pas penser. Je vous ai proposé de le faire revenir, et de laisser son retour inconnu au public ; mais je ne me flatte point qu'il le puisse être au ministère ; et, s'il étoit découvert et couroit par là quelques risques, quels reproches ne nous ferions-nous pas ? De plus, quel objet de triomphe pour nos ennemis, que de le savoir obligé de se cacher ? Je le répète, cela est trop humiliant : il n'y consentira pas. Je voulois qu'il restât à Cirey sans qu'on le sût, c'est-à-dire, sans qu'il reprît ses correspondances, sans que son retour fît la nouvelle de Paris, mais non pas dans la supposition qu'il courût le moindre risque s'il étoit découvert ; cela est impossible à exiger de quelqu'un. Je sens que je le perdrois pour l'avoir voulu conserver, et que j'en mourrois de douleur ; mais aussi je sens trop qu'il ne revient que pour moi ; et je ne lui donnerai jamais un conseil qu'il pourroit se repentir d'avoir suivi ; je l'aime mieux libre et heureux en Hollande, que menant pour moi la vie d'un criminel dans son pays ; j'aime mieux mourir de douleur, que de lui coûter une fausse démarche. J'espère que vous n'êtes plus à présent en peine de savoir pourquoi je ne vous ai point mandé la réponse du bailli : vous avez sûrement reçu ma boîte ; je serois au désespoir qu'on l'interceptât. J'espère que la première poste m'en apprendra la réception.

J'attendrai votre réponse pour envoyer en Hollande la lettre du bailli, et les circonstances vous détermineront peut-être à le faire revenir sans *incognito*. Hélas ! que dis-je ? vous détermineront ! il semble que cela dépende de vous. Enfin, s'il peut revenir sans danger, il ne demande pas mieux, et vous savez si je le désire ; mais s'il faut se tenir caché, et disputer sa liberté contre les alguasils, je n'y puis consentir; je l'aime trop pour cela, et j'aime mieux mourir. De plus, si vous croyez qu'il faille le faire revenir, mandez-le lui donc: je veux m'appuyer de votre amitié et de votre autorité; c'est à vous à nous conduire entièrement; et, malgré toutes mes raisons, toutes mes répugnances, je ferai aveuglément ce que vous voudrez en connoissance de cause. Décidez donc de ma vie; mais voyez la profondeur de mes plaies, puisque je suis réduite à vous donner des raisons pour retarder mon bonheur.

Je reçois une lettre du 10. Il a pris du lait qui lui a fait mal: il ne se portoit pas bien quand il m'a écrit. Il dit qu'on a mis dans les papiers publics de Hollande, *que M. l'ambassadeur de Hollande à Paris avoit dit qu'il y avoit ordre de l'arrêter partout où il seroit;* que toutes les gazettes parlent de lui depuis un mois; que tout le monde le veut voir. Il est allé à Amsterdam; il est au désespoir de tous ces propos, et il a raison. Il persiste à vouloir faire imprimer sa *Philosophie* en Hollande : il dit que l'on saura qu'il y est, si on ne le sait déjà ; que, du moins, on verra pour quelle raison il y est allé, et que cela ne peut faire qu'un bon effet. Voici son adresse : *A MM. Ferrand et d'Arty, négocians, à Amsterdam*, sans autre nom ; elle est très-sûre, et vous pouvez lui écrire. Au nom de votre amitié, exhortez-le à faire premièrement paroître la *Philosophie* à Paris, et à en ôter le chapitre de la *Métaphysique*. S'il veut la faire imprimer en Hollande, du moins qu'il envoie en même temps le manuscrit à Paris, afin que cela n'ait pas l'air de se soustraire à l'approbation.

Si vous voulez qu'il revienne, envoyez-moi une lettre de vous, que mon courrier puisse lui porter ; qu'il la voie écrite de la main de l'amitié la plus respectable qu'il y ait eu jamais.

Je viens de recevoir une lettre de madame de Richelieu, qui me mande :

J'ai déjà eu dix fois la parole du

garde des sceaux qu'il ne feroit jamais rien contre M. de Voltaire sans m'en avertir; et je n'ai pas eu lieu de croire, par sa conduite depuis un an, qu'il m'ait manqué de parole. Il a accommodé la dernière affaire de Jeanne; il n'avoit qu'à la laisser aller à M. le procureur général, et M. de Voltaire étoit perdu sans même qu'il y eût travaillé. Si vous n'en croyez pas ces preuves et les paroles qu'il m'a données, que faut-il faire pour vous rassurer? Dites-le, et je le ferai: je ne crains point de parler, ni M. de Richelieu non plus. Il n'y a rien que je ne fisse pour votre bonheur.

Voyez, mon cher ami, ce que nous pouvons faire sur cela : vous croyez bien que je garderai cette lettre ; mais j'ai bien peur de devoir penser, *ah ! le bon billet qu'a la Châtre !* Cela ne peut faire de mal ; mais j'éprouve cruellement que cela ne doit pas rassurer.

Votre ami croit que ce qui fait son malheur, est une lettre dans laquelle il parloit de M. Hérault (1) en des termes assez méprisans. Il en avoit effacé le nom, et il est persuadé que le garde des sceaux aura cru qu'il parloit de lui. S'il a raison, cela seroit affreux, puisque ce seroit une inimitié personnelle; et, à ce grief, il ne peut y avoir de justification. Il me mande de voir si le bailli ne pourroit rien sur cela : mais le bailli ne veut plus, je crois, se mêler de parler. Vous le voyez bien : le garde des sceaux a déjà exigé de l'abbé de Rothelin, son ami, qu'il ne lui parleroit plus de Voltaire; c'est un pacte qu'il fait avec tout le monde. M. de Froulay, qui est à Venise, me serviroit avec ardeur, s'il étoit ici ; mais que peut-on faire de si loin? Il lui en a cependant écrit du bien.

Ne croyez pas, sur la lettre de madame de Richelieu, que je lui aie mandé que M. de Voltaire s'étoit en allé, parce qu'il craignoit quelque danger; mais elle nous connoît assez pour croire qu'il n'y

---

(1) M. Hérault, lieutenant de police.

a point de prince pour qui nous nous quittassions. Elle a donc sous-entendu ce que je ne lui ai point dit. Elle me mande que, quand M. de Voltaire sera arrivé à Berlin, elle parlera, si je veux, au garde des sceaux, pour voir ce qu'il dira ; mais il n'y sera pas, à ce que j'espère, arrivé sitôt.

Les Jésuites se sont mêlés du retour de Rousseau : c'est le paiement de la mauvaise épitre qu'il a écrite au père Brumoy. On dit qu'on a donné de l'argent à Mme. de C..... M. d'Aremberg l'avoit chassé et ne l'avoit point voulu reprendre. Mandez ce retour à votre ami, et montrez-lui l'amitié des honnêtes gens pour le consoler. Il est sûr, du moins, qu'il aura toujours l'estime de ses ennemis, et que Rousseau ne peut jamais avoir que le mépris de ses amis. Ce parallèle me révolte toujours, et je suis bien outrée qu'on ait mis le public à portée de le faire.

J'attends la nouvelle édition de la *Henriade* avec impatience : je la savois par cœur avant d'en connoître l'auteur.

Pour moi, je crois que les gens qui le persécutent ne l'ont jamais lue.

Les Jésuites ont voulu se mêler de la réconciliation de votre ami et de Rousseau ; on lui a même fait des propositions : mais cette haine et cette réconciliation sont également indignes de lui. Je donnerois dix pintes de mon sang, et qu'il n'en eût jamais parlé.

Adieu, respectable, tendre et charmant ami. Ne me blâmez point de mes refus ; ils ne sont point invincibles. Jugez-moi, lisez dans mon cœur, et dictez-moi ma conduite : malgré toutes mes raisons, je vous obéirai.

Il y a apparence, selon les lettres de votre ami, qu'il n'a nulle part aux propos des gazettes. Vous recevrez cette lettre dimanche. Si vous me répondez lundi, j'aurai votre lettre mercredi ; et même quand vous ne me répondriez que mercredi, j'aurai votre lettre vendredi, c'est-à-dire, avant le départ de mon courrier, qui ne pourra partir pour la Hollande que le 2 ou le 3 de février.

Voyez si Mme. de Richelieu pourroit quelque chose. Adieu. Je vous aime tendrement.

Je suis charmée que mon chevreuil soit arrivé à bon port. J'ai annoncé l'*Enfant* (1) à bien du monde depuis quinze jours : je vous en dis ma coulpe.

Comment Rousseau revient-il? N'est-il pas banni par arrêt du parlement? et ne lui faut-il pas une grâce? Je vous supplie de m'en instruire.

Ne craignez rien sur la véritable *Pucelle*. Je ne réponds pas qu'on n'en fasse quelqu'une pleine d'horreurs et qu'on ne la lui attribue. Il n'y a jamais eu qu'un nommé Dubreuil qui ait eu la véritable en sa possession pour la copier, il y a trois ans; il l'eut huit jours, et Dubreuil est beau-frère de Dumoulin. Dans les alarmes que nous eûmes l'année passée, nous le soupçonnâmes. C'est un assez honnête beau-frère d'un grand fripon. Il se justifia. Elle n'a pas paru depuis

---

(1) *L'Enfant prodigue.*

un an, et surtout depuis six mois, que Dumoulin a levé le masque de la scélératesse. Il y a grande apparence que ce Dubreuil a été fidèle, et il n'y a jamais eu que lui à portée de ne le pas être. Ce Dubreuil renvoya même, l'année passée, un brouillon d'une douzaine de vers qu'il retrouva.

On me mande de partout que le public plaint et regrette votre ami.

Je vais lui écrire de corriger l'*Enfant* pour l'impression ; mais je veux que son nom y soit, quand ce ne seroit que pour le contraste de la *Philosophie de Newton*, et d'une comédie faite la même année et imprimée en même temps. On jouoit *Alzire* à Bruxelles, à Anvers, et dans toutes les villes où il a passé. Quel cahos de gloire, d'ignominie, de bonheur, de malheur ! Heureuse, heureuse l'obscurité ! Adieu, pour la dernière fois.

Je reçois vos lettres très-exactement.

Je n'enverrai point la lettre de la Mare. Il demande une estampe *in*-12 pour la faire copier, par un peintre d'Italie, en miniature. Envoyez-m'en une : si elle est assez bonne, je la lui ferai tenir par M. du Froulay.

J'ai toujours oublié de vous parler de la lettre écrite à Jore (1), qui a pensé susciter cette affaire à votre ami lors de son voyage de Paris, et que M. Hérault devoit nous remettre en donnant à Jore les 500 l. Vous l'a-t-il remise? et qu'est-elle devenue? Cela est de la dernière conséquence. Je vous supplie de m'en éclaircir. Si elle n'est pas retirée, il la faudroit retirer : M. Hérault ne peut la refuser avec quelque apparence de justice ; comptez que cela est d'une grande conséquence.

---

(1) Jore étoit un libraire de Rouen, qui avoit imprimé les *Lettres philosophiques*. Son édition ayant été confisquée, il avoit demandé à M. de Voltaire une indemnité de 500 livres, le menaçant, en cas de refus, de publier une de ses lettres qui prouvoit qu'il étoit l'auteur de l'ouvrage. Cette affaire fut portée devant M. Hérault, et il fut convenu que M. de Voltaire payeroit à Jore les 500 livres, et que celui-ci lui rendroit sa lettre. (Voyez la *Correspondance générale*, année 1734).

On ne veut donc point imprimer cette réponse si sage aux *trois Epîtres !* Ce seroit une petite consolation.

Vous ne m'avez jamais répondu sur deux choses, sur la proposition que je vous ai faite de faire d'abord revenir votre ami en Lorraine; il me seroit facile d'y aller : on l'y a reçu avec une bonté extrême il y a deux ans, et il ne seroit point réduit à se cacher.

Vous ne me mandez point non plus s'il est à craindre qu'on parle à M. du Chastelet, s'il va à Paris. La façon sourde dont on s'y est voulu prendre pour persécuter votre ami, la circonstance des lettres interceptées, tout me fait croire que la lettre indiscrète écrite sur M. H., et interprétée dans un sens contraire, a fait tout le mal; mais c'est un mal bien délicat et bien difficile à réparer sans l'aigrir. Faites-y vos réflexions. S'il falloit encore donner un coup de collier au bailli, je le ferois. Je ne crains point de perdre ni mes peines ni mes démarches ; mais je crains extrêmement d'en faire de fausses ou d'imprudentes.

Les idées se succèdent en foule ; il faut que je vous les communique, dussé-je écrire un *in-folio*. Quand la première lettre du bailli, où il me mandoit, *soyez tranquille*, a été écrite, cette lettre sur M. Hérault, qui vraisemblablement a fait tout notre malheur, existoit cependant et avoit été interceptée. Si quelqu'un peut lever ce voile sans le déchirer, c'est le bailli ; il n'y a que lui qui puisse entreprendre une justification si délicate. Je ne sais s'il le voudra : pour moi j'ai envie, si vous l'approuvez, de lui en parler avec autant de vérité que sur le reste, de ne rien exiger de lui, et de le laisser le maître de parler, s'il le peut et s'il le veut. Un honnête homme sert quelquefois ses amis plus qu'il n'ose le leur promettre, et ne perd guère une occasion de justifier un innocent persécuté, quand il en trouve l'occasion, et elle peut s'offrir à lui cent fois par jour. Remarquez, de plus, que sa première lettre est bien positive, bien rassurante, mais que, depuis, il n'en est pas de même. On lui aura peut-être dit qu'on est personnellement outré, et cet aveu est sans doute la cause de ce qu'il mande : *Je ne pourrai peut-être plus rendre les mêmes services;* mais cela même le mettra à portée de parler.

Autre réflexion. Le ton affirmatif dont vous me parlez du retour, la condition répétée que vous y mettez d'être bien caché, enfin le propos que je vous mande de l'ambassadeur de Hollande, me font craindre à présent qu'il ne soit pas en sûreté en Hollande même. Je ne sais si vous daignerez me rassurer sur cette crainte : vous penserez que je deviens folle; on le seroit à moins. Je suis un avare à qui on a arraché tout son bien, et qui craint à tout moment qu'on ne le jette dans la mer.

LETTRE 10.

Février 1735.

Je me meurs de peur que vous ne soyez fâché contre moi : vous m'accablez de bienfaits et d'attentions, et je résiste à vos volontés. Je vous ai répondu une lettre pleine d'objections, au lieu de ne vous parler que de ma reconnoissance ; mais aussi mon obéissance réparera ma résistance. Mon courrier partira demain matin : j'enverrai par lui ma lettre au bailli. Après la réponse du bailli, et vos lettres du dernier ordinaire, on se décidera, à ce que j'espère. Je n'épargne rien pour le décider. Il faut que je suspende un moment le détail de mes arrangemens, de mes craintes, de mes espérances, de tous les mouvemens qui transportent mon cœur, pour remercier mon ange consolateur et mon sauveur. Pour cela, vous êtes un adorable ami ; vous avez senti mes impatiences : je n'espérois votre réponse que dans huit jours, et je l'ai reçue hier au soir. Votre lettre est arrivée saine et sauve : on ne vous a point encore deviné, et je puis jouir du plaisir de vous ouvrir mon cœur sans indiscrétion. Hélas ! j'en avois bien besoin ; quand elle est arrivée, j'étois dans le plus horrible état : je venois de recevoir une lettre, du 16, de Leyde, qui me tournoit la tête. Votre ami étoit au désespoir. On a mis dans les papiers publics de ce pays-là les choses les plus affligeantes sur lui ; on y dit que le ministère de France avoit voulu lui faire subir la prison la plus honteuse et la plus humiliante, et qu'il s'étoit enfui pour s'y dérober. Vous sentez bien qu'il n'en est rien ; que cela ne peut jamais avoir été imaginé ; que ce sont les Rousseau et les Desfontaines qui ont publié ces mensonges pour le forcer à marquer la juste indignation dont il doit être pénétré. Lui, accoutumé aux plus grands malheurs et aux moins mérités, a cru à ces résolutions du ministère, et il m'écrit sur cela une lettre dictée par la douleur la plus profonde et la plus amère, et par la plus grande modération. Il croit avoir reçu ces affronts, et il ne songe qu'à appaiser ses persécuteurs et à mériter par sa sagesse qu'ils s'adoucissent. Il n'est pas possible de vous exprimer toutes les impressions que sa lettre a faites sur moi. Je me représente son indignation, sa douleur : je connois son extrême sensibilité, et combien il prend sur lui pour se retenir dans de justes bornes ; aussi je me représente la violence de son état ; mais ce qui m'a le plus touché, c'est son extrême modération dans un si grand malheur dont il ne doute pas. Il me mande même que vous me l'auriez sans doute appris, si vous n'aviez pas craint de me faire mourir de honte et de douleur. Je sais bien qu'il n'en est rien, mais je sais bien aussi qu'il le croit ; ainsi, c'est pour lui comme si cela étoit. Dans cette incertitude, je ne savois si je devois envoyer un courrier pour le désabuser, sans attendre votre réponse. Sa lettre étoit si affirmative et si noire, que ma raison avoit bien de la peine à me défendre de croire ce qu'il me mandoit. Au milieu de tant d'horreurs, votre lettre est venue. Vous savez qu'elles font sur moi l'effet de la harpe de David. Enfin, j'ai repris mes sens, et j'ai vu qu'il avoit bien tort de croire des choses si peu vraisemblables ; mais qu'il étoit bien malheureux dans ce moment, puisqu'il les croyoit. Je n'ai donc songé qu'à adoucir son état. Mon courrier va partir, et j'espère qu'ils reviendront ensemble. La lettre que vous lui écrivez est adorable ; elle dit tout, et je ne puis trop vous en remercier ; elle fera sûrement son effet, et nous aurons fait du moins tout ce qui dépend de nous.

Vous aurez peut-être appris, avant de recevoir ma lettre, qu'il a avoué publiquement, dans la *Gazette d'Utrecht*, qu'il est à Leyde, et cette démarche vous aura peut-être étonné ; mais elle devenoit indispensable, toutes les gazettes le disoient, toute la Hollande le savoit, tout le monde venoit exprès le voir à Leyde, entre autres vingt Anglais de la suite du roi d'Angleterre. L'*incognito* devenoit inutile, ridicule, et eût pu faire croire aux étrangers que les calomnies des gazettes étoient vraies. Je vous envoie la copie de ce qu'il a fait mettre dans la *Gazette d'Utrecht*, du 12. Je crois que vous trouverez cet article sage et adroit ; le ministère ne peut qu'en être content. De plus, cela n'a point l'air de se démentir, puisqu'il dit *qu'il y est venu d'Aix-la-Chapelle*, etc. Boërhave qui demeure à Leyde est un motif de son voyage, et la *Philosophie de Newton*, à laquelle on sait qu'il travaille, est un bon prétexte pour consulter *Gravesende*, qui est un fameux philosophe newtonien, professeur à Leyde. Enfin, le bailli a instruit M. le garde des sceaux qu'il n'étoit point en Prusse, et qu'il étoit à Bruxelles. Je ne crois donc pas que cet article de la gazette puisse faire autre chose qu'un bon effet.

Il a encore pris un parti bien sage. Il

sait qu'on débite sous le manteau, à Paris, une édition de ses œuvres faite en Angleterre (dites-moi si vous en avez entendu parler). Il m'a mandé qu'il alloit, dans une gazette, désavouer tous les ouvrages qui ne seroient pas imprimés avec approbation, ou dont son libraire à Amsterdam n'aura pas le manuscrit signé de sa main. Ce désaveu, fait librement et dans un temps où l'on publie qu'il est sorti de France pour écrire avec plus de liberté, ne peut encore que produire un bon effet, et lui donnera occasion de désavouer indirectement les *Lettres philosophiques*, qui sont, à ce qu'on dit, dans cette édition de Hollande.

Par la même lettre du 16, il me mande que la première feuille de la *Philosophie de Newton* est imprimée, et que cela durera deux mois; mais mon courrier arrivera, de reste, pour suspendre tous ses projets, et arrêter l'édition : il en est d'autant plus le maître, que, comme c'est le même libraire qui imprime ses œuvres qu'il a fait discontinuer, ce libraire en reprendra l'impression et suspendra celle de la *Philosophie*. Je lui mande de plus de laisser en partant, à son libraire, un mémoire des pièces qu'il lui permet de mettre dans son édition, et de tirer un billet signé dudit libraire, où il lui promette de n'en point insérer d'autres. Le libraire a fait sa fortune en imprimant ses ouvrages ; il l'a reçu comme un dieu tutélaire ; ainsi, il en doit être le maître. J'espère que, par mon courrier, je remettrai le calme dans son âme ; j'empêcherai que la *Philosophie* soit imprimée en Hollande avant de l'être à Paris ; qu'il y fourre rien sur la *Métaphysique* ; qu'il envoie ce manuscrit au prince royal ; qu'il fasse rien mettre dans ses ouvrages qui puisse déplaire ; que son séjour en Hollande puisse donner des soupçons ; que ses ennemis puissent en abuser ; et je le sauverai de lui-même, dont je me méfie toujours, malgré l'extrême modération de sa dernière lettre.

Je ne doute point que je ne le voie, et je n'ose cependant encore livrer mon cœur à cette espérance. Ses affaires m'occupent comme si j'étois hors d'intérêt. Enfin, c'est à vous que je devrai tout ce que j'ai dans l'univers, et c'est à vous que la France devra son plus bel ornement. J'ai écrit à Mme. de Richelieu de faire ressouvenir M. le garde des sceaux de la parole qu'elle prétend qu'il lui a donnée. L'extrême intérêt qu'elle y prend ne peut que nous servir, et je crois bien nécessaire qu'elle le montre tout entier. Je lui ai adressé une copie de la gazette que je vous envoie ; ainsi je ne la trompe plus ; cela met mon amitié bien en repos. Je lui ai mandé aussi que les papiers publics disoient des choses très-désagréables pour votre ami, et que le ministère devroit bien adoucir, par un peu de bonté, des bruits auxquels je suis bien sûre qu'il n'a nulle part, mais qu'il est toujours bien pénible d'essuyer à la face de l'Europe. Mme. de Richelieu parlera, j'en suis sûre, et cela ne peut que faire du bien : elle est prudente. Elle me mande sous le secret qu'elle pourroit bien venir en Lorraine : moi, de mon côté, il seroit bien nécessaire que j'y allasse. Il ne courroit aucun danger à Lunéville, et je pourrois y rester avec lui le temps que vous jugerez à propos qu'il reste caché. Il éviteroit ainsi la douleur de l'*incognito*. Elle lui sera bien amère : il croira que c'est s'avouer coupable. Mais ce n'est pas ses répugnances sur cela que j'écoute : la seule réflexion qui m'occupe, c'est que, s'il y a quelque danger, il est trop connu dans la province pour être bien caché si long-temps. Si vous craignez la lettre à M. du Chastelet, il est aisé qu'il ne revienne point ici : il y a cent maisons où on le cacheroit entre sa peau et sa chemise, et où on regardera comme un grand bonheur de l'avoir. Mais un secret inviolable, avec des provinciaux curieux, est bien difficile à espérer ; et, s'il falloit que sa sûreté en dépendît, il n'y faudroit pas penser. Pesez notre sort dans vos mains. J'envoie toujours, et je suis bien sûre que, quand nous ne le reverrions qu'un quart-d'heure, il ne croiroit pas la peine de son voyage perdue. Je suivrai toujours aveuglément vos conseils; mais, au nom de Dieu, pensez à ce que je vous ai dit sur la Lorraine ; il y verroit Mme. de Richelieu, et je ne puis croire qu'il y courût aucun risque : on pourroit même faire répandre qu'il y est venu voir Mme. de Richelieu, avec qui il a déjà fait ce voyage. Il y est fort aimé, et on l'y a reçu à merveille il y a deux ans.

Je vous envoie pour le bailli, un paquet que vous cacheterez. Si vous approuvez la première lettre, et que vous n'approuviez pas la seconde, vous la jeterez au feu, et n'enverrez que la première. Si vous n'approuvez ni l'une ni l'autre, vous les jeterez toutes deux au feu, et vous ne laisserez dans l'enveloppe que celle de M. de Froulay.

Je fais mettre au carrosse de Bar-sur-Aube, qui arrivera lundi 4, un chevreuil à l'adresse de M. D.... Si vous jugez à propos de lui dire qu'il vient de moi, vous le lui direz, sinon, vous le lui laisserez ignorer. Il est assez connu pour qu'on le porte du carrosse chez lui. Le pis-aller, c'est qu'il soit perdu, et vous en userez comme vous voudrez.

Le voyage de M^{the}. de Richelieu en Lorraine est, à ce qu'elle prétend, un secret jusqu'à son départ; ainsi n'en parlez pas. Je voudrois bien qu'elle y remplaçât Mme. d'Armagnac.

Je recevrai encore votre réponse à temps pour décider le lieu de la retraite de votre ami, s'il revient; car je mêle toujours des doutes à mes espérances. J'ai cent maisons sous ma main; mais *Cassandre* et *Orondate* sont bien connus. Pensez à ce que je vous ai mandé de cette lettre sur M. Hérault, qui, je crois, fait tout notre malheur. Vous m'avez enhardie : je ne vous demande plus pardon de vous écrire si souvent et si longuement; mais je vous dirai toujours qu'après votre ami, il n'est personne au monde qui me soit plus cher et plus respectable que vous.

Toujours le grison pour le bailli. Je veux qu'il croie que je ne lui écris que par des courriers, et vous enverrez chercher sa réponse en bonne fortune.

On avoit des copies du *Mondain* avant la mort de M. de Luçon, d'accord; mais le président Dupuis en fit faire trois cents copies qu'il distribua, et qui firent l'extrême publicité; du moins voilà ce qu'on manda à M. de Voltaire dans le temps; et même un homme qui ne le connoissoit que de nom, et que lui ne connoissoit point du tout, lui envoya une de ces copies pour savoir si cet ouvrage étoit de lui. Mais qu'est-ce que tout cela fait? Pardon, pardon, pardon.

Vous ne me parlez plus de Rousseau. Plût à Dieu que cela fût faux!

LETTRE II.

Février 1735.

Je ne me livrerai plus aux conjectures, ma foi en vous n'est point aveugle; car elle est fondée sur la connoissance de votre cœur. Aussi soyez sûr que tant que je le pourrai, tout ce que vous me manderez sera suivi à la lettre. J'avois prévu que votre prudence vous auroit fait présumer qu'il n'étoit pas possible qu'il fût ici caché au ministère : je prévois aussi que la lettre du bailli que je vous ai envoyée, ne changera rien à la condition de l'*incognito*; elle sera suivie. Prescrivez-moi seulement la forme. Voulez-vous qu'il soit sous un autre nom que le sien ? Cela lui fera de la peine, *transeat a me Calix iste*. Mais, si vous le voulez, cela sera exécuté. Peut-il être dans Cirey même ? C'est le château de la province où l'on voit le moins de Champenois, et je crois, pour moi, que cela seroit plus décent que

que d'être ailleurs; car cet ailleurs, quelque part qu'il soit, j'irai souvent, et cela pourroit paroître plus singulier et faire tenir plus de discours. Je ne vois, à venir tout droit à Cirey, d'inconvénient que dans le cas où vous craindriez encore cette malheureuse lettre à M. du Chastelet. Mais, s'il n'est pas à Cirey, je ne pourrai pas veiller de si près sur sa conduite, et une sagesse telle que l'état présent de sa fortune l'exige, ne peut être obtenue qu'en lui montrant à tout moment le précipice ouvert. Enfin, j'attendrai encore votre réponse avant qu'il puisse être arrivé; ainsi dictez ces deux conditions, le lieu et le nom.

Pour celle de n'écrire ni aux *Thiriots*, ni aux *Bergers*, etc., je voudrois qu'il y fût condamné pour toute sa vie, et je vous jure que je la ferai exécuter scrupuleusement et avec grand plaisir.

Suivant ce que vous me mandez, ma précaution de faire dire un mot au chancelier n'est pas si mauvaise; mais je n'ai rien fait et ne ferai rien sans vos ordres.

F

Plus de cour de Lorraine. Si je puis revoir votre ami, je ne veux jamais sortir de Cirey, car j'espère que vous y viendrez.

J'en reçois dans cette minute une lettre qui me fait bien craindre qu'il ne revienne point; j'en suis très-mécontente. Il faut enfin que je vous l'avoue, et je crains fort qu'il ne soit bien plus coupable envers moi qu'envers le ministère. Enfin, nous verrons s'il reviendra; mais, je vous le répète, je n'en crois rien, et je vous jure bien que je ne me sens pas la force de résister au chagrin que j'en ressentirai. Nous le perdons sans retour, n'en doutez point; mais qui pourroit le conserver malgré lui-même? Je n'ai rien à me reprocher; c'est une triste consolation: je ne suis pas née pour être heureuse. Je n'ose plus rien exiger de vous; mais, si je l'osois, je vous prierois de faire encore un dernier effort sur son cœur. Mandez-lui que je suis bien malade, car je le lui mande, et qu'il me doit au moins de revenir m'empêcher de mourir; je vous assure que je ne mens pas trop, car j'ai la fièvre depuis deux jours : la violence de mon imagination est capable de me faire mourir en quatre jours.

Je suis bien plus à plaindre que je ne l'ai jamais été. Il est affreux d'avoir à me plaindre de lui ; c'est un supplice que j'ignorois. S'il vous reste encore quelque pitié pour moi, écrivez-lui ; il ne voudra point rougir à vos yeux : je vous le demande à genoux. Il m'envoie la première épreuve de cette malheureuse *Philosophie*. Je vous dis qu'il l'a dans la tête, mais il se perdra ; du moins que ce soit en connoissance de cause. Je vous demande à genoux de lui mander durement que, s'il s'obstine et s'il ne revient pas, il est perdu sans retour, et je le crois bien fermement. Si le bonheur ou le malheur de sa vie dépendent, comme vous le dites, de sa sagesse présente, il ne faudroit pas le perdre de vue un moment. Si vous aviez vu sa dernière lettre, vous ne me condamneriez pas ; elle est signée, et il m'appelle *Madame*. C'est une disparate si singulière, que la tête m'en a tourné de douleur. Ecrivez-lui à Bruxelles.

Vous voyez que je prends à la lettre ce que vous me mandez sur la longueur de mes lettres; mais quelle plus grande consolation que d'écrire à un ami tel que vous!

M. du Chastelet me persécute pour aller en Lorraine au mariage de Mme. la princesse; mais je n'en veux rien faire: une noce et une cour me désoleroient. L'endroit où j'ai vu notre ami est le seul que je puisse habiter. On a mis, dans la *Gazette d'Utrecht*, que j'y étois allée, et que M. de Voltaire avoit profité de ce temps pour aller en Prusse. Helas! il eût peut-être suffi d'aller à Lunéville! Mais, comme vous dites, il faut oublier le passé et songer à tirer la tranquillité pour l'avenir du malheur présent. Adieu. Vous êtes mon conservateur, mon consolateur: quand serez-vous mon sauveur?

Savez-vous que son projet étoit fait en partant d'être deux mois sans revenir; et cela, parce qu'il le croyoit nécessaire. Ainsi, vous ne pouvez trop lui mander le contraire; car, s'il se mettoit dans la tête de faire imprimer sa *Philosophie*, cela ne finiroit point; je serois morte avant.

Le jour qu'il a passé à Bruxelles, on y jouoit *Alzire*. Ses lauriers le suivent partout. Mais à quoi lui sert tant de gloire ? Un bonheur obscur vaudroit bien mieux. *O vanas hominum mentes ! o pectora cœca ! vale, et me ama et ignosce.*

LETTRE 12.

1er. mars 1735.

VOTRE ami vous écrit une lettre (1) bien noire, mon cher ami; mais sa situation est cruelle : il sent vivement, vous le savez, et c'est ainsi qu'il vous aime. J'ose répondre de sa sagesse, et

(1) Voyez lettre cxxxii de la *Correspondance générale*, édition de Kehl.

c'est beaucoup, du moins tant que je serai assez heureuse pour pouvoir lui parler.

M. du Chastelet part, bien résolu de répondre au cardinal avec fermeté et amitié sur son compte, s'il l'attaque, mais de ne lui point parler le premier. Il fera, d'ailleurs, tout ce que vous lui conseillerez.

Je crois que le retour de votre ami ici l'a sauvé d'un panneau dans lequel il étoit prêt à donner par sa bonté et sa facilité ordinaires. Je vous prie de ne m'en point parler dans vos lettres que je lui montre ; mais recommandez-lui toujours la sagesse, la nécessité d'imprimer *Newton* en France, et de tenir la *Pucelle* sous cent clefs. Vous ne me dites mot du grand événement qui se prépare : vous n'osez sans doute par la poste ; mais par M. du Chastelet, mandez-moi ce que vous en pensez. On dit que le cardinal abdique, que les Noailles gouverneront. Pour moi, je fais M. de Maurepas premier ministre : assurément, c'est ce qui pourroit arriver de mieux pour le bonheur des hommes. Est-ce M. d'Argenson, est-ce M. Hérault qui a la librairie ? On nous a annoncé tous les deux. Malgré l'animosité qu'il marque contre ce dernier dans la lettre qu'il vous écrit, il lui écrira, si vous le jugez à propos. Tous vos ordres seront exécutés à la lettre. Nous nous reposons entièrement sur vous ; puisque vous veillez pour nous, nous n'avons rien à craindre. Il vous envoie une belle preuve de la scélératesse de Rousseau ; je voudrois qu'elle fût connue sans que cela vînt de lui ; cela feroit bien plus d'effet. Il n'a écrit ni n'écrira à personne. La résolution qu'il a prise d'ôter de ses ouvrages tout ce qui regarde Rousseau, fait le bonheur de ma vie : son nom les déshonoreroit.

Dites, je vous prie, mille choses tendres pour moi à M. votre frère.

Par toutes les lettres que l'on m'écrit, il ne paroît pas qu'on le soupçonne ici. Adieu, mon cher et très-respectable ami : mon amitié pour vous est au-dessus des expressions ; mais j'aime à vous l'exprimer.

LETTRE 13 (1).

1ᵉʳ. mai 1738.

J'AI respecté vos occupations, mon cher ami, et les soins que vous donne votre départ (2) ; mais il faut bien que je profite un peu aussi du peu de temps qu'il nous reste à vous posséder. Hélas ! il est bien court. Je n'ose vous demander quand vous partez ; je voudrois pourtant bien le savoir : puisque je ne peux vivre avec vous, je veux du moins savoir tout ce qui vous arrive. J'ai chargé

---

(1) Il y a ici une lacune de plusieurs années ; on en trouvera encore dans la suite de cette correspondance. M. d'Argental étoit fort négligent. Ces lettres de Mᵐᵉ. du Chastelet, comme celles de M. de Voltaire, qui ont été recueillies par la même personne, ont été trouvées éparses sous des fauteuils, dans de vieux secrétaires, et jusque dans des greniers.

(2) M. d'Argental avoit été nommé intendant de Saint-Domingue : il n'accepta pas cette place.

M. du Chastelet d'une négociation bien difficile; c'est de me procurer le plaisir de vous voir avant votre départ : nous vous demandons un rendez-vous sur votre route. Votre ami et moi, nous ferions cinquante lieues bien gaiement pour vous aller trouver. Je vous félicite de l'emplette que vous avez faite du petit Saurin, mais je le félicite bien plus de s'attacher à vous ; c'est un choix bien digne de vous. Nous espérons enfin qu'on va nous envoyer une bonne pièce de théâtre; on nous annonce le *Fat puni* (1) sous un nom qui nous assure du succès et qui nous y fait prendre un intérêt bien tendre. *Mérope* est abandonnée pour la représentation. Je crois que, quand il en sera tout à fait satisfait, il se contentera de l'adresser au marquis Maffei et de la faire imprimer. M. du Chastelet nous a mandé qu'il vous avoit vu, et que vous l'aviez chargé de recommander à votre

---

(1) De M. de Pont-de-Vesle, frère de M. d'Argental.

ami d'écrire moins ; cela nous a un peu inquiétés. Il est difficile d'avoir un commerce de lettres plus resserré que le sien ; mais, comme vos avis sont nos lois, mandez-nous si c'est un conseil vague, ou s'il porte sur quelque chose de nouveau et de positif.

Autre inquiétude ; car nous vivons comme les bons chrétiens, en crainte et tremblement. On mande à votre ami, assez positivement, qu'il paroît quelques exemplaires de ses *Elémens de Newton*, de l'édition de Hollande. Vous savez, comme nous-mêmes, qu'il y a près de deux ans que les libraires ont les trois quarts du manuscrit. Tant qu'ils ont voulu entendre raison, il a suspendu l'édition ; mais enfin ils ont pris martel en tête, comme vous savez par le détail de la lettre de Prault, dont vous avez bien voulu vous mêler, et ils ont fait paroître ce qu'ils avoient de l'ouvrage. Votre ami en est très-fâché, parce qu'il y manque les cinq derniers chapitres. Il avoit cru que cela les contiendroit ; mais rien ne peut arrêter l'avidité des libraires. Il s'en consolera, et y remédiera le mieux qu'il lui sera possible, pourvu que M. le chancelier (1), qui n'a pas voulu absolument qu'ils parussent en France, ait la justice de ne se pas fâcher de ce qu'ils paroissent en Hollande. Vous nous avez promis de parer ce coup : soyez notre ange tutélaire jusqu'à la fin. Que M. d'Aguesseau prenne le parti de votre ami, et qu'il représente à M. son père qu'il y avoit déjà la moitié de ce livre imprimé, quand on le lui a présenté ; que lui-même il avoit vu cette moitié imprimée ; que M. de Voltaire ayant senti, par le refus que M. le chancelier a fait de le laisser paroître en France, qu'il n'approuvoit pas ce livre, avoit cessé d'envoyer des cahiers à ses libraires de Hollande, et que la preuve en est claire, puisque, dans leur édition, il manque cinq chapitres qu'ils n'ont pas par cette raison ; que même le dernier, où M. de Voltaire rendoit compte des

---

(1) D'Aguesseau.

sentimens de Newton sur la métaphysique, n'ayant pas été du goût de M. le chancelier, il l'avoit supprimé exprès, et qu'il espère qu'après toutes ces marques de déférence et de soumission à ce qu'il a pu entrevoir de ses volontés, on ne lui saura pas mauvais gré d'une édition qu'il ne pouvoit plus empêcher, et que M. le chancelier n'a point paru désapprouver. Voilà, mon cher ami, notre petit *factum*, auquel votre amitié voudra bien prêter des grâces, et que j'espère que vous voudrez bien faire passer jusqu'à M. le chancelier, s'il est nécessaire; car, je le répète, il faut que vous soyez notre ange gardien jusqu'à la fin.

Votre ami vous embrasse tendrement; il ne pense point à votre départ sans une douleur mortelle, et nous n'en parlons que les larmes aux yeux. Voulez-vous bien faire notre cour à Mme. d'Argental, et assurer M. de Pont-de-Vesle de notre attachement? Avez-vous eu le temps de lire des *Epîtres sur le Bonheur*, qu'on prête à votre ami? Il travaillera pendant votre absence pour vous amuser à votre retour. Nous espérons que vous nous donnerez les moyens de vous écrire à Saint-Domingue, où nous ne vous laisserons manquer ni de vers ni de prose : nos cœurs vous y suivront. Adieu, mon cher ami. Nous croyons que vous nous écrirez incessamment, et surtout que vous nous aimerez toujours.

LETTRE 14.

14 juin 1738.

Il y a bien long-temps que je n'ai eu de vos nouvelles, mon cher ami : je ne m'en plains point, mais je m'en apperçois avec douleur. Pensez-vous toujours à ce triste voyage ? Je n'ose quasi vous en parler. Ne peut-on espérer de vous aller voir en chemin ? car je ne quitte point ce projet de vue.

Le petit la Marre, qui est un petit fou, s'est avisé d'envoyer à votre ami une mauvaise épître en vers qu'on a faite contre lui. Heureusement que la lettre étoit sous enveloppe : je l'ai prudemment brûlée. Vous savez les chagrins que toutes ces tracasseries lui donnent, et je veux, si je puis, les lui éviter. Je ne veux pas écrire à une espèce comme la Marre : je vous prie donc de lui défendre d'envoyer jamais de ces pauvretés-là à Cirey ; et, de peur qu'il ne se doute que je vous en ai parlé, et qu'il ne m'en fasse une tracasserie en le mandant à votre ami, commencez par le lui faire avouer ; vous me rendrez un vrai service, car cela met des nuages inutiles dans nos beaux jours. Adieu, mon aimable ami. Ménagez-moi les bontés de Mme. d'Argental, et conservez-moi une amitié qui me devient tous les jours plus chère.

Mille choses à M. votre frère. Je me flatte bien qu'on ne parle plus du petit monstre blanc. Votre ami ignore cette lettre ; ainsi je ne vous dis rien de sa part.

LETTRE 15.

4 octobre 1738.

Nous avons été très-étonnés du débarquement de M. de la Marre ici : on n'a jamais tant fait de chemin pour demander l'aumône ; c'est un fou qui n'est pas sans esprit, et pour qui la bonté de votre cœur n'a pu s'empêcher de s'intéresser. Vous connoissez celui de votre ami ; ainsi vous croyez bien qu'il fera pour lui tout ce qu'il pourra. Mais le mariage de ses deux nièces et son cabinet de physique lui laissent peu de moyen de se livrer, cette année, au plaisir qu'il trouve à faire du bien. Mme. de Chambonin est arrivée, ne regrettant que vous à Paris. Elle nous a laissé peu d'espérance de vous voir. Je crois votre voyage de Pont-de-Vesle rompu. Ce qui est bien certain, c'est que vous devez sentir le plaisir extrême que nous aurions de vous posséder vous et Mme. d'Argental, et que nous comptons assez sur votre amitié pour espérer que vous y viendrez quelque jour, si cela vous est possible. Je ne sais comment Thiriot vous a pu dire que nous ne retournerions point a Paris, puisque je l'ai chargé de conduire, pour M. du Chastelet, le marché de la maison de Mme. du Pin, si nous pouvons l'avoir à un prix raisonnable. Vous voyez bien que mon retour à Paris, un jour à venir, entre dans mes projets, et les soins que je dois à ma famille le rendront indispensable. Je compte bien passer ici les plus heureux de mes jours ; mais le plaisir de vous voir souvent à Paris et d'y jouir de votre société, me dédommagera de Cirey ; du moins, c'est mon espérance. Je vous prie de ne point parler de mes vues pour la maison de madame du Pin ; car il n'y a déjà que trop de gens après.

Notre amitié pour M. de Voltaire nous fait presque toujours penser les mêmes choses

choses sur ce qui le regarde. Je pense absolument comme vous sur les petits ouvrages ; cela occupe le temps qu'il pourroit employer à de plus grands tableaux. J'en excepte cependant les *Epîtres* : je les regarde, quand elles seront rassemblées, comme très-dignes de leur auteur. Il est beau d'avoir encore le genre didactique. Je crois qu'en les corrigeant avec soin, elles pourront faire le pendant.....

(*Le reste manque*).

LETTRE 16.

12 décembre 1738.

Vous savez bien, mon cher ami, que je ne puis être long-temps sans vous écrire et sans recevoir de vos nouvelles. Vous n'avez point répondu à ma dernière lettre ; mais sûrement vous pensez à ce dont je vous ai prié. Je voudrois que ces six *Epîtres* fussent finies pour n'en plus rien craindre. Celles du *Tien* et du *Plaisir* ne me paroissent pas trop faites pour le sot public, et je puis vous assurer qu'elles ne sortiront de Cirey qu'avec votre attache, du moins si j'en suis crue, car on ne me croit pas toujours.

Voici une bonne nouvelle : il y a une tragédie commencée, dont un acte est presque fait. Je n'en connois que le plan ; mais, s'il est rempli, cela sera bien attendrissant. Vous en aurez sûrement les prémices ; et il n'y a que vous, Mme. de Chambonin et moi, qui le sachions. A la rapidité dont il travaille, je ne désespère pas de vous en envoyer la première épreuve pour vos étrennes. Il auroit bien tort d'abandonner les vers ; il ne les a jamais faits si facilement, et sa plume peut à peine suivre le torrent de ses idées. Votre goût pour le théâtre est ce qui le soutient le plus dans cette carrière, et le plaisir de vous envoyer cette nouvelle production de son génie est une de ses récompenses. On parle de *Méditations sur le Carême*, que l'on dit pleines d'athéisme, et que l'on a la méchanceté d'attribuer à votre ami. Cependant il est bien loin d'être athée, et encore plus loin de penser à de pareils ouvrages. Je ne lui en ai rien dit; car il est inutile de l'inquiéter; et, malgré la disposition que j'ai à m'alarmer, je ne crains rien quand je n'entends point parler de vous. Adieu, mon ange tutélaire; ne nous abandonnez pas : vous savez si vous devez nous aimer, et à quel point nos cœurs sont à vous.

LETTRE 17.

15 décembre 1738.

VOICI, mon cher ami, une *Epître* qui, je crois, a grand besoin de votre révision. Nous attendons votre jugement pour nous y conformer, et je vous supplie d'être inflexible, et de ne la donner à Prault que quand vous en serez content. Je vous supplie aussi d'écrire sur celle du *Plaisir*, et de ne la donner ni à Thiriot, ni à personne. A propos de Thiriot, votre ami a imaginé d'ôter *Hermotime* de la première *Epître*, et de mettre *Thiriot* à la place, ce dont, à vous dire vrai, je suis très en colère, pour mille raisons que sans doute vous devinez sans que je vous les dise. Si on vous fait des propositions sur cela, je vous prie de dire qu'*Hermotime* est bien mieux; il est du moins plus doux et plus harmonieux. Il ne veut pas, je crois, mettre le mot de *Thiriot* dans les vers; il est heureusement *peu propre à la césure*. Mais enfin je ne veux pas même que le frontispice le désigne. Peut-être mon crédit l'emportera-t-il; mais Thiriot est un terrible adversaire, et, si j'ai besoin de votre secours, je vous prie de ne me le pas refuser. Il ne faut pas en parler dans votre première lettre, mais seulement quand on vous enverra les vers changés. Pardon de toutes ces minuties ; mais vous savez vous y prêter, et, qui plus est, vous y intéresser. La tragédie avance à vue d'œil. Adieu, mon cher ami. Vous savez si je vous aime, et quel plaisir je sens à vous le dire.

LETTRE 18.

25 décembre 1738.

J'AI reçu votre lettre, mon cher ami, et j'en avois besoin pour me rassurer contre votre silence. M. de Voltaire a la fièvre ; ainsi, je n'ai osé lui montrer votre lettre. Le retour de Rousseau et le libelle de l'abbé Desfontaines l'auroient mis au désespoir; car il a sur ces choses-là une sensibilité qui peut être naturelle, mais qui n'est pas raisonnable. Je perds pour le calmer mes sermons et mon crédit, et vous devez être bien sûr que, s'il me croyoit, il seroit plus heureux. Je ne crois pas que Rousseau puisse lui faire grand mal ; mais je trouve que Saurin a fait une action bien lâche de se désister, car on ne manquera pas de l'accuser d'avoir vendu la mémoire de son père. Heureusement personne n'a mandé encore cette nouvelle à votre ami : il faudra bien qu'il la sache un jour. Mais pour le libelle de Desfontaines, je voudrois bien qu'il l'ignorât toujours ; je serois au désespoir, s'il y répondoit.

Savez-vous une chose qui va bien vous étonner ? c'est que la Marre n'a pas écrit à votre ami depuis qu'il a fait retirer, par l'abbé Moussinot, son linge qui étoit en gage. C'est un petit ingrat dont il n'y a nul honneur à se mêler : c'est dommage, car il a de l'esprit. Cette circonstance me fait encore plus désirer que l'*Envieux* (1) ne paroisse point. Je suis très-fâchée qu'il ait eu cette confiance

---

(1) Comédie que M. de Voltaire avoit faite contre Rousseau, et qui n'a jamais été rendue publique.

en la Marre, et c'est encore contre mon gré. Je n'ai jamais aimé cette pièce; il faut tâcher de la retirer de ses pattes, et cela sera, je crois, malaisé; car il aura eu sûrement la précaution, tout étourdi qu'il est, d'en prendre copie. Il devoit, par sa dernière lettre, la faire présenter aux comédiens par Colet. Depuis ce temps, nous n'en avons eu nulle nouvelle. J'espère que vous nous en donnerez; il seroit essentiel de savoir si elle a été lue aux comédiens et si on l'a reçue, ce dont je serois au désespoir; mais j'en doute par votre lettre. J'ai déjà parlé de faire redemander l'original; il n'y aura que vous dont l'autorité puisse le retirer; car si votre ami le faisoit redemander par M. Moussinot ou par quelque autre, la Marre prendroit cela pour une méfiance insultante, et deviendroit l'ennemi de votre ami, à qui ses bienfaits ont toujours tourné de la sorte. Je crois que vous pouvez envoyer chercher la Marre, lui laver la tête sur ses procédés avec M. de Voltaire, et lui dire qu'il vous remette l'original de la pièce : il ne l'a eu que sous cette condition, et ses ordres portoient expressément de vous le rendre. Je ne ferai aucune démarche sur cela avant votre réponse. A l'égard des *Epîtres*, il a beaucoup corrigé les quatre premières, et il compte les envoyer à Prault, qui a ordre de vous les montrer avant d'en faire usage. Je suis très-contente des procédés de Prault ; je le crois honnête homme dans sa profession, ce qui est bien rare, et vous nous avez fait là un vrai présent. A l'égard de l'*Epître sur l'Homme*, il vous l'a envoyée dernièrement encore corrigée. Comme elle est un peu répandue, je crois qu'il seroit prudent de la faire présenter à l'approbation. Je réponds qu'il ôtera tout ce qu'on retranchera, et je vous supplie d'envoyer chercher Prault pour lui donner sur cela vos ordres : votre ami y compte, et vous l'a envoyée à cette intention. Pour celle sur le *Plaisir*, personne ne l'a que vous. Si je puis empêcher qu'on l'envoie à Thiriot, je serai bien heureuse : c'est un bon garçon ; mais il est encore plus sûr de ne dire son secret à personne. Comme je n'ai pu montrer votre lettre, je vous prie de répéter, dans la première que vous écrirez à votre ami, ce que vous me dites sur l'*Epître du Plaisir*.

Savez-vous que j'ai une querelle pour ce Thiriot? Je vous ai dit que M. de Voltaire s'est mis dans la tête de lui adresser (sans y mettre son nom à la vérité) la première de ces *Epîtres*, et d'en changer pour cela le commencement. C'est la chose du monde que je veux éviter le plus. J'ai déjà esquivé ce danger-là une douzaine de fois : je vous prie, et je vous en ai déjà prié, de tenir bon pour *Hermotime* ; vos instances paroîtront toutes simples. Je trouve d'ailleurs une espèce de disparate de dédier la première à Thiriot et la sixième au prince royal de Prusse: je ne sais si je l'emporterai ; mais je vous demande en grâce de m'aider , si j'ai besoin de votre secours.

Mais voici la plus essentielle de toutes

nos affaires, c'est celle de Hollande. A force de se mitonner, elle devient sérieuse. L'insolence de ces libraires est poussée au comble, et c'est un peu la faute de M. l'ambassadeur de Hollande, qui, avec les plus belles promesses du monde, nous a nui; vous savez que, quand des gens puissans prennent notre parti foiblement, cela fait croire que nous avons tort. Il a écrit avant le voyage de Fontainebleau, à ces libraires, la lettre du monde la plus douce, en assurant votre ami que, si ce remède n'opéroit pas, il en emploieroit de plus violens. Cependant Mme. de Chambonin a prouvé à l'ambassadeur que ces libraires, loin de se soumettre, s'étoient encore enhardis par sa douceur. Elle lui a écrit depuis qu'elle est ici. M. de Voltaire lui a écrit également. A tout cela, aucune réponse. Les libraires, qui ont vu qu'il se vantoit à faux de la protection de l'ambassadeur de Hollande, loin de lui faire la réparation qu'il exigeoit, et qu'il étoit en droit d'exiger, le menacent d'un nouveau libelle. Vous sentez bien que Desfontaines, Rousseau, et cela réunis ensemble, font un état assez violent. Il a déjà pensé en mourir de chagrin cet automne : il a pensé aller en Hollande. L'un ou l'autre arriveroit sûrement, et l'un et l'autre me feroient également mourir de douleur. Il faudroit donc, mon cher ami, presser votre ami qui a bien voulu parler déjà à l'ambassadeur, de lui reparler encore, et de l'engager à faire pour M. de Voltaire ce qu'il a promis. Un mot un peu ferme aux libraires de Hollande, de la part de l'ambassadeur, les fera rentrer dans leur devoir ; la justice et leur intérêt les y engagent également, et ce n'est que par obstination et par de mauvais conseils qu'ils y résistent. Adieu, mon cher ami. Je vous fais tous les jours de nouvelles prières; mais mon amitié demande grâce pour mes importunités.

P. S. Il n'y a encore que quatre actes d'ébauchés à notre tragédie. Sans la fièvre d'aujourd'hui, j'aurois eu la nouvelle des cinq actes à vous apprendre. Je ne désespére pas de vous l'envoyer toute faite dans un mois, s'il se porte bien.

LETTRE 19.

26 décembre 1738.

Mon cher ami, je viens de voir cet affreux libelle. Je suis au désespoir. Je crains plus la sensibilité de votre ami que le public ; car je suis persuadée que les cris de ce chien enragé ne peuvent nuire. J'ai empêché qu'il ne le vît : la fièvre ne l'a quitté que d'aujourd'hui. Il s'évanouit hier deux fois ; il est dans un grand affoiblissement, et je craindrois infiniment, si, dans l'état où il se trouve, son âme éprouvoit quelque secousse violente. Il est sur cela d'une sensibilité extrême. Les libraires de Hollande, le retour de Rousseau et ce libelle, voilà de quoi le faire mourir. Il n'y a point de fraude que je n'invente pour lui dérober ou pour lui adoucir des nouvelles si affligeantes, et je n'ose me flatter d'y réussir toujours. Vous, mon cher ami, qui connoissez l'extrême sensibilité de mon cœur, vous devez concevoir tout ce que je souffre et l'état violent où je suis. Je crains encore, si ce libelle parvient jamais à lui, qu'il n'y réponde. Je suis au désespoir qu'il se soit compromis avec un scélérat; mais je vous avoue que je ressens vivement ses injures et sa douleur. Si Thiriot n'est pas le plus malhonnête homme et le plus ingrat, il doit être outré de la façon dont on y parle de son amitié pour M. de Voltaire, et il doit détruire publiquement le démenti impudent que l'on donne de sa part à M. de Voltaire, au sujet de ce qui se passa à la campagne de la présidente de Bernières: c'est un fait que Thiriot m'a encore raconté dans son voyage ici cet automne. Je lui écris vivement sur cela, car je trouve qu'il tergiverse furieusement dans cette affaire; mais il a en moi un terrible adversaire, et sûrement s'il ne se comporte pas comme il le doit, je ne l'épargnerai pas. Je vous supplie de me mander si ce misérable écrit prend quelque faveur dans le monde, et si Thiriot se comporte bien. Vous savez que je ne m'y fie que de bonne sorte.

Je ne sais ce que c'est qu'une brochure dont on me parle, où se trouve une lettre sur la *Haine* et des pièces fugitives que l'on attribue à M. de Voltaire. Je crains tout, et mon cœur ne se repose qu'en vous. Je suis sûre que la lettre sur la *Haine* n'est pas de lui. Je vous demande en grâce de ne pas oublier l'ambassadeur de Hollande.

Adieu, ange gardien de deux personnes qui sont encore trop heureuses au milieu des orages qu'elles éprouvent, et qui vous aiment de tout leur cœur.

LETTRE 20.

29 décembre 1738.

Mon cher ami, je vous importunerai souvent; car je n'ai jamais été dans une situation plus violente: il faut que vous m'aidiez à en sortir. L'état affreux de la santé de votre ami me fait prendre le parti de tout risquer, plutôt que de lui laisser la connoissance du libelle affreux de Desfontaines et de tout ce qui se passe contre lui. Je vous avouerai donc que, voyant dans le paquet de lettres un gros paquet de la Marre, dont je connois l'écriture, je l'ai soustrait et ouvert, et j'y ai trouvé cet infâme libelle et une lettre qui eût fait mourir de douleur votre ami. Il lui disoit qu'il n'avoit jamais tant paru de brochures contre lui, et que l'*Epître à Uranie*, la *Lettre sur Locke* et toutes les épigrammes de Rousseau contre votre ami, en composoient

une. J'ai jeté la lettre de la Marre au feu : le paquet contenoit l'original de l'*Envieux*. Envoyez chercher la Marre, et faites-lui écrire devant vous une lettre à M. de Voltaire, dans laquelle il lui rendra compte des raisons du refus de sa pièce, en ajoutant qu'il vous a remis l'original de l'*Envieux*. Dites-lui que vous avez vos raisons pour exiger cela et pour lui défendre de jamais rien mander à M. de Voltaire de ce qui se passe sur son compte, et, dans la suite, je rendrai l'original de l'*Envieux*, quand j'aurai reçu de vous une lettre ostensible. Je dirai que vous me l'avez renvoyé : je crois qu'il faut abandonner cette pièce. Je serois d'autant plus fâchée qu'il sût toutes ces infamies, qu'il est dans le plus beau train du monde pour la tragédie, et vous sentez assez combien ces horreurs le troubleroient et rejeteroient loin toutes ses idées. De plus, je ne veux pas qu'il réponde, et, s'il les savoit, il seroit impossible de l'empêcher ; mais la plus grande raison, c'est sa santé. Faut-il que
des

des scélérats viennent troubler le plus grand bonheur du monde ? Je vous prie de voir tout ce qui l'accable en même temps, le retour de Rousseau, le libelle de Desfontaines, les libraires de Hollande, l'impression d'*Uranie* qu'on lui attribue, quoique assurément elle soit de l'abbé de Chaulieu, et cette brochure de pièces fugitives avec la *Lettre sur la Haine* dont on nous menace encore : il ignore tout cela ; s'il vient jamais à le savoir, il y succombera, il n'en faut pas douter. Thiriot lui mande aujourd'hui que le père Porée l'a *honni* publiquement (c'est son terme) dans son discours latin : je ne crois pas que cela soit vrai ; le père Porée lui écrit journellement, et il n'y a pas encore actuellement huit jours qu'il en reçut la lettre la plus tendre et la plus obligeante : il l'a élevé, il l'a toujours aimé ; ainsi je ne le puis croire. Mandez-moi ce qui en est, et si nous n'avons rien à craindre de l'impression de cette *Uranie*, de cette autre dont on parle, des pièces fugitives et d'une *Lettre sur la Haine* qu'il n'a sûrement pas faite. Il seroit affreux d'avoir encore à craindre ; mais je ne craindrai rien tant que je n'entendrai pas parler de vous. Je suis persuadée que vous me plaignez autant que je suis à plaindre : ma situation est affreuse, et je cache tant que je puis ma douleur, pour ne point donner de soupçon au malade. Au nom de l'amitié, écrivez-moi, consolez-moi, rassurez-moi. Je vous supplie de me mander si vous avez fait parler à l'ambassadeur de Hollande. Joignez encore une bonté à tant d'autres ; c'est de dire à l'abbé Moussinot de ne rien mander à M. de Voltaire des libelles qui paroissent contre lui ; comme c'est son homme d'affaires, ses lettres sont sacrées, et jamais je n'y toucherai : lui seul ainsi pourroit tout gâter et me rendre suspecte. Il se douteroit bien que je l'ai trompé, ce qui m'ôteroit tout mon crédit sur son esprit et sûrement lui feroit une impression très-fâcheuse pour moi ; et je perdrois son amitié pour l'avoir voulu servir. D'ailleurs, je ne puis penser à tant d'horreurs et à sa sensibilité sans craindre pour sa vie, s'il les apprenoit, ou du moins quelques démarches violentes. Adieu, mon cher ami. J'attends une lettre de vous comme le seul adoucissement au chagrin qui me dévore.

LETTRE 21.

30 décembre 1738.

JE suis toujours, mon cher ami, dans la cruelle situation que je vous dépeignois dans ma dernière lettre, mais j'ai fait bien des réflexions depuis. Il est nécessaire, pour la santé et pour la tranquillité de votre ami, que je tâche de lui dérober la connoissance de l'indigne libelle de l'abbé Desfontaines; mais je crois aussi nécessaire pour son honneur d'y répondre. C'est trahir votre ami que de laisser croire au public qu'il a avancé un fait dont il prend M. Thiriot à témoin, et que M. Thiriot désavoue (1); c'est le trahir, que de laisser croire que l'abbé Desfontaines ne lui a d'autres obligations que d'avoir composé un mémoire en sa faveur à la prière du président de Bernières, et de laisser dire publiquement que M. de Voltaire reste éloigné de Paris, parce qu'il n'ose pas y revenir. Dans cette dure extrémité, je me suis résolue à faire la réponse : je me flatte que j'y mettrai plus de modération que lui, si je n'y mets pas tant d'esprit. Mais comme je ne veux rien faire dans une occasion si importante sans vous consulter, je vous envoie cette réponse : j'espère que vous approuverez mon dessein; car enfin il ne faut pas livrer son ami au déshonneur pour vouloir le servir. Ma plus grande fureur, je vous l'avoue, est contre Thiriot, et il n'y a rien que je ne fasse pour l'obliger à un désaveu qu'il

---

(1) Voyez, pour les détails de cette querelle, le *Mémoire sur la Satire*, dans les œuvres de *Voltaire*, vol. 47, édit. in-8°. de Kehl.

doit également à l'honneur de son ami et au sien. Le fait qui concerne le président de Bernières, et qu'on a l'impudence de nier au nom de Thiriot dans ce libelle, m'a été confirmé de sa propre bouche dans son voyage ici, cette année, au mois d'octobre; et cette circonstance augmente mon indignation à un point que je ne puis vous dépeindre. Vous qui connoissez toutes les obligations que Thiriot a à votre ami, qui savez qu'il ne s'est attiré la fâcheuse affaire des *Lettres philosophiques* que pour lui en avoir fait présent, présent qui, de l'aveu de Thiriot même, a valu à Thiriot quatre cents louis d'or; que pensez-vous d'un homme qui souffre que l'on dise publiquement de lui *qu'il traîne, comme malgré lui, les restes honteux d'un vieux lien qu'il n'a pas encore eu la force de briser,* lui qui doit le peu qu'il est à l'amitié dont M. de Voltaire l'honore ; enfin, qu'il me mande froidement *qu'il n'a pas lu ce libelle, mais que M. de Voltaire se l'est attiré,* pendant que l'abbé Desfontaines a l'audace de dire: *Demandez à M. Thiriot si le fait du libelle composé chez le président de Bernières est vrai, il a été obligé de répondre qu'il n'en avoit jamais eu aucune connoissance.* Je lui ai écrit sur cela de la bonne encre: mais, s'il ne fait pas à M. de Voltaire la réparation la plus authentique, je le poursuivrai au bout de l'univers pour l'obtenir. Si M. de Voltaire savoit tout cela, il partiroit sur-le-champ pour Paris, et assurément je crois que, dans la circonstance présente, il auroit grand tort d'y aller; je ne répondrois pas même de ce qu'il y feroit dans son premier mouvement, et je sais très-bien que je ne pourrois rien sur lui pour l'en empêcher. Il faut donc prévenir ce malheur, mais il faut le prévenir de manière qu'il ne puisse pas me le reprocher un jour, et il n'y a pas d'autre moyen que de faire pour lui une chose nécessaire, et que je le mets dans l'impossibilité de faire lui-même. J'attends donc sur cela votre réponse prompte, car le mal presse:

vous sentez bien que je ne néglige aucune précaution pour qu'on ignore à jamais l'auteur de cette réponse, et que cela se passera dans le plus grand *incognito*.

J'attends une lettre de vous pour savoir la disposition du public, la façon dont le libelle a été reçu, et surtout si nous n'avons rien à craindre de toutes ces brochures qui courent. Voilà un triste commencement d'année; mais voici un peu de quoi vous en dédommager. Il m'a lu hier sa nouvelle tragédie (1); il y avoit juste trois semaines qu'elle étoit commencée; il n'y a pas un vers de fini; il les faisoit presque à mesure qu'il lisoit; et je n'ai pas cessé de fondre en larmes, et Mme. de Chambonin aussi, qui étoit de la partie. Je ne sais rien de si déchirant: c'est l'intérêt du *Cid*, d'*Ariane*

---

(1) *Zulime*. On concevra sans peine que, même avec un goût très-sûr, Mme. du Chastelet, dans la situation violente où elle se trouvoit alors, ait pu aisément se tromper sur le mérite d'une pièce qui n'étoit qu'à moitié faite.

et de *Bajazet*, réunis ensemble, mais sans aucune ressemblance. Je n'abonde pas en mon sens, mais je crois pouvoir assurer que si la beauté des vers, tels qu'il les sait faire, se joint à la force des situations, ce sera un chef-d'œuvre. Jugez quel meurtre ce seroit de l'interrompre en si beau chemin pour tourner son cœur, qui est rempli des sentimens les plus tendres du côté de la vengeance et de la haine ! Le chagrin, d'ailleurs, ôte toutes les idées et tue le génie, outre que sa santé, qui est déplorable, pourroit fort bien y succomber. Je crois avoir gagné une victoire, que d'avoir une belle tragédie à vous annoncer. Je me meurs d'envie de vous l'envoyer, et vous l'aurez dès que les couleurs seront un peu débrouillées.

Adieu, mon cher ami : aidez-moi dans mon cruel embarras.

LETTRE 22.

3 janvier 1739.

Mon cher ami, voici bien autre chose : toutes mes précautions ont été vaines ; ce malheureux libelle est parvenu jusqu'à votre ami ; il me l'a avoué, mais il ne me l'a pas montré. J'ai vu même que tout ce qu'il craignoit étoit que je le visse. Je ne puis que lui savoir bon gré de sa délicatesse à cet égard, et je m'y suis conformée en ne lui laissant point entrevoir que j'en eusse connoissance ; j'ai sacrifié à ses sentimens le plaisir que j'aurois eu à lui apprendre ce que j'étois prête à faire pour lui. Ainsi, mon cher ami, il n'y aura que vous qui le saurez. Il n'a jamais eu tant de sang-froid et de sagesse ; il ne répondra à cet affreux libelle que pour détruire des faits calomnieux que je sens bien qu'il ne peut laisser subsister sans se déshonorer. Il m'a promis de n'y mêler ni injures ni reproches, de faire une continuation du *Préservatif* plus sage et plus modérée que la première partie, et dans laquelle seront insérées les preuves des impostures avancées par l'abbé Desfontaines, et surtout de celle qui regarde Thiriot. Je ne puis m'y opposer, moi qui en sentois si bien la nécessité, que je voulois la faire pour lui; mais j'emploierai tout ce que je sais, à faire que cette réponse soit plus modérée que la mienne. Elle devient inutile à présent, et il faut la jeter au feu; cela demeurera enseveli entre nous. Je ne suis piquée que contre Thiriot; mais, s'il ne me répond pas la lettre que je désire, je le poursuivrai toute ma vie, et je le regarderai comme le plus lâche et le plus ingrat de tous les hommes. Mais il n'est pas possible qu'un homme qui n'est pas l'abbé Desfontaines ait ce front-là.

M. de Voltaire a pris le retour de Rousseau fort paisiblement, et j'espère qu'il le laissera mourir en repos. J'attends que vous me tranquillisiez sur ces brochures qu'il ignore ; j'espère que vous nous assurerez toujours les bontés de M. de Maurepas. Vous savez bien quelle est notre reconnoissance pour lui, et je mets notre tranquillité entre les mains de notre ange gardien. Faites qu'il engage l'ambassadeur de Hollande à appaiser ces malheureux libraires et à leur imposer silence, afin que, du moins, tout ne vienne pas à la fois.

Ce qu'il y a d'heureux, c'est que cela lui donne un nouveau courage pour sa tragédie. Je me flatte qu'il va la faire à tire-d'aile : il a senti que c'étoit la meilleure façon de confondre ses ennemis et de se concilier le public ; ainsi j'espère vous en envoyer les prémices incessamment. Il va vous écrire sur tout cela et sur ses *Epîtres*, qu'il veut faire réimprimer d'une façon irréprochable, et je crois qu'il a raison.

Adieu, mon cher ami. Si sa santé soutient cet assaut, et si vous m'aimez toujours, je serai moins à plaindre.

LETTRE 23.

3 janvier au soir 1739.

Je reçois votre lettre du 1ᵉʳ.; j'en avois besoin pour me consoler. Mais quelle lettre, mon cher ami! il n'y a point de libelle ni d'ennemi de qui elle ne consolât. Je suis de votre avis sur Thiriot, et votre ami est bien décidé à le ménager toujours, quelque sujet qu'il ait de s'en plaindre. Mais moi qui ne l'ai point nourri pendant dix ans, qui ne l'ai point défrayé en Angleterre, qui ne lui ai point donné de livre qui lui ait valu quatre cents louis d'or, je veux qu'il se rétracte; et je vous avoue que je ne puis me dispenser de lui mander ce que j'en pense; et je vous supplie, si vous le voyez, de lui en dire votre avis. A l'égard de Rousseau, je serois ravie pour Saurin qu'il ne signât rien; mais je regarde Rousseau comme mort, et heureusement votre ami pense de même. Sa santé est meilleure que je ne l'espérois, et sa tranquillité proportionnée au plaisir que lui a fait votre lettre charmante. Il vous rend compte lui-même de ses sentimens et de sa conduite : vous êtes notre directeur, notre ange gardien, et, je vous jure, mon unique consolation.

Nous espérons tout de l'ambassadeur sur l'affaire de Hollande, puisque vous continuez à vous y intéresser. Votre ami suivra tout ce que vous lui prescrivez sur les *Epîtres* : il va écrire un mot d'amitié à M. de Mairan ; la tragédie a fait tort à la réponse raisonnée qu'il lui doit ; il fait très-grand cas de son amitié.

Nous nous intéressons ici à la santé de M. d'Ussé, et nous espérons que sa maladie n'est qu'une incommodité.

Je suis charmée que Mme. de Saint-Pierre nous aime encore.

M. du Chastelet ira à Paris vers le 15, et j'espère qu'il y consommera l'affaire de la maison de feu M. le président Lambert, que j'ai une envie extrême d'acheter : cela me paroît un beau et digne morceau à mettre dans ma maison, et c'est un avenir bien agréable à avoir devant soi, que d'espérer qu'on passera une partie de sa vie avec vous. Sans vous, je crois que je ne reverrois jamais Paris ; mais je ne puis vivre sans espérer de vivre un jour avec vous. Cette acquisition est encore un secret à cause des acheteurs.

Adieu, mon cher ami. Nous vous aimerons toutes les années de notre vie, et c'est un de nos plus grands plaisirs que de vous le dire.

LETTRE 24.

7 janvier 1739.

M. DE VOLTAIRE écrit aujourd'hui à la Marre pour savoir les raisons de son silence. Au nom de Dieu, mon cher ange gardien, obtenez qu'il écrive la lettre que je vous ai demandée, afin que votre ami ne voie pas que j'ai ouvert le paquet de la Marre, ce qui me perdroit dans son esprit pour l'avoir voulu servir. Le renvoi de l'original de l'*Envieux* rendroit la chose indubitable. La poste part ; je n'ai que le temps de vous embrasser. Vous serez content de la conduite de votre ami ; il vous la soumettra.

LETTRE 25.

10 janvier 1739.

MON cher ami, je ne suis guère plus heureuse que quand je vous ai écrit. Votre ami est au désespoir avec raison, non du libelle de Desfontaines, mais des procédés de Thiriot, et du désagrément d'être le sujet de la conversation du public, etc. Il voudroit poursuivre l'abbé Desfontaines criminellement ; il ne manqueroit pas de preuves ; toutes les postes, il reçoit des lettres qui le lui conseillent ; mais il n'a de véritables amis que M. votre frère et vous : c'est à vous uniquement qu'il s'en rapporte pour savoir s'il fera cette démarche délicate, car je crains la récrimination, surtout à cause de ce malheureux décret des *Lettres philosophiques*, qui n'est pas purgé, et de cette lettre que M. Hérault a perdue. Voyez, conseillez-le. Son neveu, l'abbé Mignot, doit vous aller trouver : il ne fera rien sans votre avis.

Je crois que son mémoire fera un grand effet; il n'y a pas une injure; il est touchant et vrai : montrez-le à M. votre frère, il vous en prie. Nous avons ici toutes les pièces qui y sont citées. Thiriot doit mourir de honte. M. du Chastelet lui a écrit une lettre qui le fera rentrer en lui-même. Il m'en a répondu une ridicule et qui prouve également son infidélité pour son ami, et la vérité du fait passé à la Rivière-Bourdet (1), qu'il n'oseroit dénier, mais qu'il voudroit affoiblir (2). Ma considération pour votre ami

---

(1) Maison de campagne de M. le président de Bernières.

(2) Il avoit déclaré à M. de Voltaire, qui,
m'empêche

m'empêche de le traiter comme je le devrois ; mais je vous avoue que je souffre bien à me contraindre, car je déteste la perfidie. M. du Chastelet s'est conduit comme un ange ; il a lu le mémoire, l'a approuvé, a écrit à Thiriot. C'est un bonheur unique que de vivre avec un homme si respectable. Vous le verrez peut-être bientôt : il ira à Paris conclure l'affaire de la maison, si elle se fait.

Si vous trouvez quelque chose à reprendre dans le mémoire, on le retranchera : il en sera temps, si vous répondez tout de suite. Helvétius, par qui nous vous l'avons envoyé, est une jolie âme ; c'est un enfant plein d'honneur, et d'amitié pour votre ami : on peut s'y confier, surtout sur une chose qui va être publique. Pour moi, il me semble qu'on eût

---

par ses soins, avoit fait sortir de Bicêtre l'abbé Desfontaines, que celui-ci, peu de jours après, avoit composé contre lui un libelle, et qu'à la *Rivière-Bourdet*, lui Thiriot, l'avoit forcé de jeter ce libelle au feu.

pu avoir la permission de le publier, tant je le trouve sage. On vouloit aller à Paris; j'ai paré le coup, ou plutôt je l'ai suspendu. Mandez-lui combien il feroit mal de quitter Cirey, et de se montrer dans ces circonstances.

Est-il vrai que l'archevêque de Paris a exigé du comte du Luc qu'il se défît de Rousseau, et qu'il va quitter Paris? L'abbé d'Olivet a écrit une drôle de lettre à votre ami; il est furieux contre le Desfontaines.

Je suis inquiète de n'avoir pas eu de vos nouvelles : je crains que vous ne m'ayez su mauvais gré de ce que je vous ai envoyé. Mais, non; vous ne pouvez jamais savoir mauvais gré des choses que l'amitié fait faire. Adieu, mon cher ami. Si vous saviez combien vos lettres nous consolent, vous nous écririez dans le cruel état où nous sommes; mais il n'y en a point où je ne vous aime bien tendrement. Je vous supplie de faire écrire par la Marre la lettre que je vous ai demandée, afin que je puisse rendre l'original de *l'Envieux* sans être suspecte. Je crains que ce petit drôle-là n'en ait gardé copie et ne la fasse imprimer quelque jour. Pressez-le bien là-dessus, je vous supplie, et l'ambassadeur de Hollande. *Vale et ama.*

LETTRE 26.

12 janvier 1739.

Mon cher ami, vos lettres rendent toujours le calme à nos sens. Vous devez avoir à présent le mémoire de votre ami. Vous verrez que nous avons prévu une partie de ce que vous nous conseillez ; et, si vous y désirez quelque chose, soit d'augmentation, soit de retranchement, nous recevrons votre réponse à temps pour le faire. Je crois cette défense nécessaire, et je m'y intéresse infiniment, parce que cette démarche me paroît décisive pour le repos de votre ami et pour sa réputation. Tout cela a interrompu sa tragédie ; mais il va la reprendre avec ardeur : sa santé, quoique foible, se soutient mieux que je ne l'espérois. Je sens à merveille, et lui aussi, combien un succès brillant seroit désirable ; mais aussi un demi-succès seroit accablant ; ainsi il ne faut rien donner dont on ne soit sûr, et, pour l'être, il faut travailler, et par conséquent il ne faut compter sur cela que pour dans un an. Mlle. Quinault, qui aime votre ami et qui mène sa troupe, devroit bien nous faire la galanterie de faire remettre, pour quelques jours, une des pièces de votre ami, comme *Zaïre*, par exemple ; cela dispose toujours le public en faveur. Vous pourriez lui donner le mot, et cette petite confidence l'engageroit.

Pour ma réponse, elle demeurera entre vous et moi, et il faut la brûler ; celle de votre ami est bien mieux ; mais vous sentez qu'il y avoit bien des faits que j'ignorois, et, de plus, je n'osois pas tout dire. Il y a des choses dont il est honteux de se justifier, et dont il n'a rien dit dans son mémoire. Il compte que dom Prévost en parlera avec adresse dans son *Pour et Contre*. Son neveu ira vous trouver pour ce placet à M. le chancelier, et ne fera rien sans vos ordres. Conduisez-nous, mon cher ami ; nous ne ferons rien sans votre conseil ; ne nous abandonnez pas dans une si cruelle circonstance. Je compte sur vous pour la lettre de la Marre et l'affaire de Hollande ; ainsi, je ne vous en parle plus.

Maupertuis est arrivé aujourd'hui. Il a dit à M. de Voltaire mille choses gracieuses de la part de M. de Maurepas, et lui a apporté une lettre de M. d'Argenson, dont je suis très-contente. A propos de M. d'Argenson, je voudrois bien, mon cher ami, que vous me rendissiez un service personnel. Il y a un polisson qui a fait un mauvais almanach, intitulé l'*Almanach nocturne* ; il lui a plu, pour vendre son livre, de mettre à la tête, *par madame la marquise d. C.*; et Crébillon a eu la sottise de laisser passer à l'approbation ce titre insolent ;

car, quoiqu'il n'y ait point de nom, il est ridicule d'y mettre les lettres initiales et le titre d'une personne connue : aussi y a-t-il des gens assez charitables pour le dire de moi, quoique assurément il ne me ressemble en rien. Trois personnes me le mandent aujourd'hui. Ce sont des plaisanteries du *Pont-Neuf*; l'ouvrage est en vers, et je n'en ai jamais fait un. Je crois inutile de m'en défendre; mais, comme la malignité aimeroit à me l'attribuer, je voudrois que M. d'Argenson ou M. Hérault ordonnât au libraire qui demeure à la galerie du Palais, et dont le nom est sur cette petite gentillesse que vous aurez vue sans doute, qu'il lui ordonnât, dis-je, de déclarer l'auteur et d'effacer la *marquise* de son titre. Savoir l'auteur est le principal ; Crébillon doit le savoir. Je vous supplie, mon cher ami, de me sauver, si vous pouvez, ce petit ridicule que je ne mérite point, et qui pourroit déplaire à M. du Chastelet, s'il l'apprenoit.

Au reste, je ne brouillerai point Thiriot et M. de Voltaire : je me contiendrai, je sens qu'il le faut ; mais j'ai bien de la peine. La lettre qu'il m'a écrite est bien loin d'être comme elle devroit être : M. de Voltaire lui a écrit depuis des lettres fort tendres.

Savez-vous qu'Algarotti fait traduire son livre actuellement par Desfontaines; et il a écrit à M. de Voltaire pour avoir ses conseils : c'est Maupertuis qui me l'a appris.

Est-il vrai que le comte du Luc a congédié Rousseau ?

Adieu, mon cher ami. Opposez-vous surtout au voyage de Paris : conduisez-nous et aimez-nous.

J'espère que M. de Maurepas aura son chevreuil cette semaine.

Votre ami vous aime comme il le doit, c'est tout dire.

LETTRE 27.

Ce 25 janvier 1739.

Mon cher ami, voici une lettre de madame de Bernières, que le Moussinot vous portera : vous en serez bien content. C'est ainsi que l'amitié doit s'exprimer ; cette lettre rend Thiriot bien coupable. Je suis bien loin d'être satisfaite de la lettre de ce Thiriot ; j'en suis très en colère. Il y a trois semaines que votre ami lui a écrit, et il n'a pas encore répondu à cette lettre dont vous nous avez renvoyé la copie. Votre ami est très-affligé ; il dit que c'est le coup de pied de l'âne ; mais il ne le dit qu'à vous et à moi. Il écrit à Thiriot sur le ton le plus tendre, et le fond de son cœur l'est ; car il aime à aimer, et on court après ses bienfaits. Vous devriez envoyer chercher ce Thiriot ; vous remettriez la vertu dans son âme, qui est de boue par malheur, mais que l'on peut mouler. Engagez-le à parler dans le monde comme il le doit, et à écrire une lettre tendre à M. de Voltaire; il peut encore tout réparer. On mande à M. de Voltaire que le désaveu de Thiriot, ou du moins son silence, qui en est un, lui fait tort; on dit même que Thiriot a répondu à quelqu'un qui lui en parloit, *je suis ami de M. de Voltaire, mais je le suis aussi de l'abbé Desfontaines*; cela seroit infâme. Mais il ne s'agit pas de compter avec Thiriot, ni de le prendre sérieusement; il s'agit de le garder pour trompette et de le ranger à son devoir; et si vous voulez lui parler et lui montrer la lettre de madame de Bernières, ce moyen sera sûrement très-efficace.

Mᵐᵉ. de Chambonin a trahi mon secret, et a dit à M. de Voltaire ce que j'avois fait pour lui; cela lui a fait un plaisir extrême, et me donne de l'autorité pour exiger des changemens dans le mémoire que je vous ai envoyé : aussi je le lui fais refondre; j'y trouve encore trop d'injures : il m'a promis de les ôter toutes. Mais je voudrois aussi supprimer tout le littéraire ; car un homme bien touché ne va point parler de Newton ni de M. de Feuquières : il faut toucher et intéresser le public ; il le peut, s'il le veut. Il ne doit parler que de son affaire ; il pense autrement ; mais il se rendra sûrement à votre avis, il y est résolu. Nous attendons avec impatience votre sentiment sur ce mémoire, afin que les corrections soient conformes à vos volontés ; mais, je vous en supplie, exigez la suppression de tout ce qui n'ira pas au fait.

Toutes ces maudites affaires-là me font sentir combien il seroit nécessaire de purger ce décret du parlement : cela seroit-il possible ? Pensez-y à loisir. Je sais bien que ce n'est pas le moment ; mais, pour y parvenir, il y faut penser de loin.

J'achète à Paris une maison de deux cent mille francs, et je ne sais pas, à cause de cette malheureuse affaire, si j'y demeurerai jamais. La vie n'y pourrois être tranquille sans cette purgation, qui, au bout du compte, ne doit pas être impossible, et pour laquelle aucune démarche ne nous coûteroit. Pensez-y, mon respectable ami, à votre loisir : c'est bien alors que vous serez notre ange gardien.

Je recommande l'affaire de Hollande et la minutie de la Marre à vos bontés ; cette minutie est essentielle pour moi et peut se réparer d'un mot.

Je me flatte que vous me répondrez sur l'almanach qui me regarde, et dont je vous ai parlé dans ma dernière.

Voilà bien des grâces à la fois ; mais on peut tout demander et tout dire à un ami comme vous.

Je ne vous dis rien pour votre ami, parce que j'ai trop à vous dire. *Vale et me ama.*

LETTRE 28.

19 janvier 1739.

Mon cher ami, vous êtes le seul ami qui sachiez l'être : vous joignez la plus grande exactitude aux plus grands services. Nous avons besoin de l'un et de l'autre : je passe ma journée à essuyer des combats sur le voyage de Paris, dont il meurt d'envie. Je vous demande à genoux de lui écrire qu'il feroit très-mal. Vous croyez peut-être que je peux tout sur son esprit ; il s'en faut de beaucoup. Il n'y a rien que je n'aie fait pour qu'il ôtât tout le littéraire, l'endroit de Newton, la phrase de M. de Fontenelle qu'il examine : je lui ai fait sentir qu'il convenoit mal à un homme qui doit être pénétré et qui veut toucher le public, de discuter une question de métaphysique et d'épiloguer sur des mots. Tout cela n'a fait que blanchir ; mais si vous persistez à le condamner, il l'ôtera. Il a un peu corrigé l'endroit de Rousseau; il l'a distribué en deux parties, et non plus par articles. A l'égard du passage qui tombe indirectement sur Thiriot, il l'adoucira aussi. Cependant malheur à Thiriot, s'il s'y reconnoît. Cet endroit ne peint pas le cœur humain en beau; mais c'est le défaut de tous les portraits ressemblans. S'il n'y avoit que des d'Argental, on ne courroit aucun risque en peignant les hommes comme ils sont.

Nous avons cru la lettre au père Tournemine nécessaire à cause des *Lettres philosophiques*, qui laissent toujours une espèce de terreur dans l'âme. De plus, il va paroître une édition de ses ouvrages en Hollande, qui viendra peut-être en France, et où elles sont insérées : on pourroit peut-être l'inquiéter, et il me semble qu'on n'a rien à dire à un homme quand il désavoue et qu'il dit, *Amen*. Les honnêtes gens verront bien que la nécessité de ses affaires l'exigeoit, et devront l'en estimer davantage. Enfin, je ne la trouve pas trop forte : je sais bien qu'il ne faut pas dire une syllabe de plus ; mais il semble qu'on peut aller jusque-là.

Je suis de votre avis sur le procès criminel ; il faudroit se faire honneur de la modération, et s'adresser, comme vous le dites, aux magistrats qui sont à la tête de la littérature. Il dit que ce placet, présenté par son neveu à M. le chancelier, ne peut que faire un bon effet, et je le crois ainsi ; cela fera voir que sa famille s'y intéresse. Il dit aussi qu'un procès-verbal dressé chez un commissaire au sujet du livre acheté, met en état de faire ce que l'on veut par la suite et n'engage à rien : cela peut être, et, en ce cas, il n'y a pas grand mal ; il faut le laisser se contenter ; mais, pour peu que cela ait des suites, il faut l'en empêcher. Il avoit envie d'engager MM. Andri, Pitaval, Ramsai, et autres maltraités dans ce libelle, à se plaindre au chancelier. Vous aurez vu, par la lettre de Mme. de Bernières, que ce dernier ne demande pas mieux; cela pourroit peut-être faire supprimer les *Observations* (1), et ce seroit cela qui seroit un coup de parti: je l'aimerois mieux que le procès criminel. Il écrit à M. l'avocat général d'Aguesseau, et vous envoie sa lettre; il écrira à M. d'Argenson; il récrira, si vous voulez, au chancelier, en cas que la lettre qu'il vous a envoyée ne vous paroisse pas suffisante; avant que de le faire imprimer, il enverra son mémoire en manuscrit à plusieurs personnes, et je ne désespère pas de le réduire enfin à faire tout ce que je désire pour la perfection de ce mémoire.

En vous remerciant de ce que vous me mandez sur l'ambassadeur de Hollande; votre amitié n'oublie rien, et ma reconnoissance sait tout sentir.

Venons à mes affaires. On mande que Thiriot va faire imprimer la lettre qu'il m'a écrite. Qu'il ne s'avise pas de cela: je vous demande en grâce, mon cher

---

(1) Journal de l'abbé Desfontaines.

ami, de l'en empêcher ; il n'y a point d'extrémités où M. du Chastelet et toute ma famille ne se portât. Vous sentez bien tout ce que mon nom, une fois prononcé dans cette indigne querelle, entraîne ; cela feroit peut-être le malheur de ma vie, et je sens que, si Thiriot osoit me manquer de respect au point de faire imprimer sans mon aveu une lettre qu'il m'a écrite, je m'en plaindrois publiquement et l'en ferois repentir toute sa vie. S'il l'avoit donnée à dom Prévost, il faudroit la retirer ; je paierois plutôt les frais de l'impression pour la supprimer ; enfin, il faudroit tout faire. Je vous supplie, au nom de votre amitié, d'envoyer chercher Thiriot dès que vous aurez reçu ma lettre, et d'exiger de lui qu'il ne compromette ni M. du Chastelet, ni moi encore moins ; car, je vous le répète, nous ne ménagerions rien pour l'en faire repentir, et je ne puis croire qu'il ait osé former ce projet ; mais on me le mande si positivement, que je ne sais que penser.

Quant au petit almanach, je sens qu'il seroit

seroit ridicule d'en faire trop de train; mais aussi il seroit dangereux de souffrir que l'on osât se servir de mon nom impunément. Je désirerois donc infiniment d'en connoître l'auteur, afin de le faire mettre dans les nouvelles publiques. Crébillon, qui l'a approuvé, peut le connoître, et ce seroit un service à me rendre; car je sais qu'on l'a dit dans le monde, et vous savez avec quelle charité on saisit le prétexte d'un ridicule.

Délivrez-moi donc du tourment de la Marre : je souffre mort et passion. Votre ami s'en plaint continuellement à moi. Tirez-moi cette épine du pied, aimable ange gardien.

M. de Maurepas a écrit à votre ami une lettre dont il est très-content.

Adieu. Vous savez si je vous aime : la reconnoissance de tout ce que je vous dois ne peut rien ajouter à mes sentimens.

Empêchez que Thiriot n'imprime ma lettre; il a bien d'autres voies de se justifier.

K

C'est à M. Helvétius qu'on a adressé la seconde édition de l'ouvrage; mais quand il vous l'aura remise, il faut la garder et nous en dire votre avis.

Votre ami ne se brouillera point avec Thiriot, qui me paroît d'ailleurs se ranger un peu mieux à son devoir. Il y a trois actes mis en vers de la tragédie. S'il peut avoir un peu de santé et de tranquillité, vous l'aurez dans quinze jours: ce seroit un coup de partie de la donner ce carême.

LETTRE 29.

Janvier.

Mon cher ami, vous recevrez par cette poste un nouveau mémoire. Je vous en ai dit mon avis; j'espère que vous m'approuverez, j'en ai besoin. On vouloit aller à Paris : j'ai bien de la peine, je vous assure, et j'espère toujours que le temps nous amènera un repos que je n'ai pas encore goûté. Songez à me parer du voyage de Paris : dites-en un mot dans vos lettres.

Non, je vous assure, je n'ai point été contente de la lettre de Thiriot; ce n'étoit point une lettre ostensible que je lui demandois, et je la lui renvoie. Je suis très en colère de ce qu'il mande qu'il l'a montrée à plus de deux cents personnes : il ne lui est point permis de me mettre ainsi en jeu. Si l'abbé Desfontaines alloit s'en prévaloir pour parler de moi dans quelque libelle, jugez quel scandale cela feroit dans ma famille ! Votre ami mourroit de douleur. Je vous prie donc de lui imposer silence, et de retirer de lui ma lettre où je traitois l'abbé Desfontaines de *monstre*. On ne sait ce qui peut arriver. Empêchez-le de me compromettre là-dedans et retirez ma lettre, et qu'il ne parle plus de la sienne et qu'il ne soit plus question de moi : cela est bien essentiel.

J'attends de vos nouvelles sur cet *Al-*

manach, sur l'ambassadeur de Hollande et sur le mémoire.

Je vous demande en grâce, faites écrire à la Marre la lettre que je vous ai demandée, et qu'il ne rappelle point les précédentes. J'ai été obligée d'en supprimer encore une aujourd'hui de lui, où il parloit du renvoi de la comédie; mais à la fin la bombe crevera, et sera terrible. Sauvez-moi cette scène, je vous supplie.

Adieu. Je vous accable de mes lettres : ce sont les charges du bénéfice d'ange gardien. Conduisez - nous. J'approuve assez cette requête au chancelier, et que tous les intéressés dans le libelle s'y joignent; mais je soumets tout à vos lumières et à votre amitié.

Adieu, mon respectable ami. Malgré tant de chagrins, nous avons un premier acte dans son cadre : son défaut est d'être trop touchant. Je grille d'impatience de vous envoyer cette pièce.

Mille choses, je vous supplie, à madame d'Argental.

P. S. J'ai reçu une lettre de Linant : j'en userai avec lui comme vous voudrez ; mais il faut qu'il écrive aussi à M. du Chastelet.

LETTRE 30.

22 janvier 1739.

CE n'est point saint Pâris qui fait des miracles, c'est votre ami : cette tragédie dont à peine le plan étoit fait il y a dix jours, est aujourd'hui en état d'être jouée. Il en a fait hier un acte et demi, et aujourd'hui un. Malgré toutes les inquiétudes que lui ont causées les noirceurs de l'abbé Desfontaines et les variations de Thiriot, son génie n'en a pas moins produit la pièce la plus touchante qui soit au théâtre, à ce que je pense, non que je la croie tout à fait dans son cadre ; il est impossible qu'une telle précipitation n'ait entraîné bien des négligences; mais il me semble qu'elle est assez bien pour être jouée, et que la force des sentimens et des situations nous assure du succès. Si vous le pensez ainsi, nous vous supplions instamment de la faire jouer avec la même diligence qu'elle a été faite: c'est un coup de partie dans la circonstance présente qu'un grand succès. Il faut que les comédiens méritent l'effort que M. de Voltaire vient de faire; il faut qu'ils l'apprennent aussi rapidement, et qu'elle soit jouée la première semaine de carême, à moins que vous n'ayez de bonnes raisons pour douter du succès. Nous comptons que vous mettrez Mlle. Quinault dans votre confidence, et que l'*incognito* sera gardé pour tout le reste: on ne soupçonnera pas votre ami, que l'on croit tout entier à d'autres occupations. Il est d'autant plus nécessaire qu'elle soit jouée promptement, que le dénouement ressemble un peu à celui du plan que M. de Voltaire avoit donné à Linant. Si sa pièce étoit reçue, il faudroit absolument faire passer celle-ci avant. Enfin, mon cher ami, nous la recommandons à votre amitié, à celle de M. votre frère, et aux soins de Mlle. Quinault. Je trouve que c'est-là la meilleure apologie que votre ami puisse faire. Cependant j'approuve fort qu'il fasse mettre une lettre de Mme. de Bernières et une de Thiriot dans les *Nouvelles*, ainsi que son désaveu du *Préservatif*, dont l'auteur est prêt à se faire connoître : ainsi votre ami en sera pleinement justifié.

A propos de Thiriot, sans ma confiance en votre amitié, je serois bien inquiète. Tout le monde nous mande qu'il fait imprimer, dans le *Pour et Contre*, la lettre qu'il m'a écrite ; mais vous ne l'auriez sans doute pas souffert ; je vous ai écrit sur cela les lettres les plus pressantes, et, vous le savez bien, cela pourroit faire le malheur de ma vie et celle de votre ami. Par conséquent, je ne puis croire que Thiriot ose me manquer de respect au point de publier, sans mon consentement, une lettre qu'il m'a écrite et que je lui ai renvoyée; non-seulement je ne le lui pardonnerois jamais, mais je m'en plaindrois hautement et la ferois supprimer. J'espère que vous m'aurez paré ce coup, et que vous lui aurez fait entendre raison; mais, si cela n'étoit pas, il faudroit tout employer pour supprimer cette feuille du *Pour et Contre* ; je paierois sans regret tous les frais de cette impression.

Au nom de Dieu, mon cher ami, épargnez-moi ce chagrin : je compte sur vous, et cela seul m'empêche de me désoler de cette crainte que l'on me donne de tant de côtés : ma famille s'en prendroit à moi et à votre ami. Vous savez ce que je vous écrivis dans le temps du voyage de Hollande, et je dois bien me garder de donner aucun prétexte à mes ennemis.

Ne trouvez-vous pas singulier que Thiriot, depuis la publication de ce libelle, c'est-à-dire, depuis un mois, n'ait écrit qu'une seule lettre à votre ami, qu'il fasse mettre quelque chose dans le *Pour et le Contre* sur ce qui le regarde, sans le lui avoir communiqué, et que ni lui ni la Poplinière ne répondent à M. du Chastelet, et qu'il m'écrive une lettre ostensible à moi qui ne la lui ai point demandée? Je lui mande de vous remettre la lettre où je lui parle de ce malheureux libelle; vous verrez s'il y est question de lettre ostensible : je suis bien aise, d'ailleurs, de la ravoir.

On m'a mandé que l'auteur de l'*Almanach nocturne* est le chevalier de Neuville-Montador. Je ne sais qui c'est; mais je vais le faire annoncer dans les nouvelles publiques, et je vous prie de dire le nom de l'auteur, si vous en trouvez l'occasion. Ainsi voilà une affaire finie: notre amitié, notre reconnoissance, tous les sentimens enfin dont nous sommes capables, ne finiront jamais pour vous, ange gardien.

Au nom de Dieu, délivrez-nous de *la Marre*; car, *periculum imminet*, cela devient sérieux : faites-le tambouriner.

La tragédie partira par Bar-sur-Aube, demain 23, à votre adresse.

LETTRE 31.

2 février 1739.

Voila, mon cher ami, une lettre pour M. de Fresne : nous ne savons pas son adresse ; et, présentée par vous, elle sera bien mieux reçue.

Vous connoissez sans doute un malheureux auteur nommé Saint-Hyacinthe, qui a été long-temps protégé par madame de Verpillau, et qui donne aujourd'hui à jouer. Il est auteur d'un libelle plus obscur que lui encore, mais que l'abbé Desfontaines rapporte dans son libelle diffamatoire. Ce libelle de Saint-Hyacinthe est intitulé, *la Vie d'Aristarcus*. Vous sentez bien que votre ami ne peut pas laisser une telle calomnie sans vengeance ; mais vous sentez mon état en même temps, et je suis sûre que vous en aurez pitié. Un désaveu de Saint-Hyacinthe de ce malheureux libelle, ou du moins une assurance par écrit qu'il n'a pas prétendu y parler de M. de Voltaire, me sauveroit peut-être la vie ; car, si votre ami exécutoit la malheureuse résolution qu'il prend toutes les vingt-quatre heures d'aller à Paris, je mourrois de douleur. Je suis persuadée que, si vous pouvez quelque chose, vous vous y emploierez avec l'amitié que je vous connois pour les deux solitaires de Cirey, que votre amitié seule empêche d'être entièrement malheureux.

P. S. Si vous n'écrivez pas, mon cher ami, de la façon la plus forte à votre ami pour le dissuader d'aller à Paris, je suis la plus malheureuse de toutes les créatures. Si vous voyiez les agitations de son âme, vous jugeriez bien qu'il seroit très-dangereux qu'il y fût. Je n'espère qu'en la sagesse de vos conseils et dans la vivacité de votre amitié. Il veut faire ce procès criminel ; il envoie des procurations; il faudra enfin qu'il y aille. Je crains les récriminations et les éclats. Au nom de Dieu, que votre amitié parle et qu'elle décide de notre sort. Les combats que j'ai à soutenir sont incroyables, et je suis bien à plaindre, si vous m'abandonnez.

Mille choses à M. votre frère et à madame d'Argental.

LETTRE 32.

5 février 1739.

Mon cher ami, ce voyage de Paris me fera mourir de douleur, si vous ne parez ce coup. Au nom de Dieu, épargnez-moi un désespoir si cruel. Ecrivez vivement, vous le déciderez; mais il veut toujours faire le procès. Je le crois commencé: que deviendrai-je? Mandez-nous donc ce que vous en pensez: consolez-moi; je suis au désespoir; je suis prête à tout moment à perdre le bonheur de ma vie, et je sens bien que ce procès me l'ôtera.

Avez-vous reçu la tragédie et le chevreuil?

Adieu, mon cher ange. Consolez-moi, gardez-moi des résolutions violentes de votre ami, qui me font trembler, mais que vous dompterez sûrement, si vous vous unissez à moi.

Au nom de Dieu, qu'il reste ici.

LETTRE 33.

12 février 1739.

M. *Ratz de l'Anthenée*, auteur d'*Elémens de Géométrie*, écrit aujourd'hui à M. de Voltaire, mon cher ami, qu'il a été voir l'abbé Desfontaines pour savoir ce qu'il pensoit, et que l'abbé Desfontaines lui avoit montré une permission du lieutenant criminel, auquel il a présenté requête, pour informer contre M. de Voltaire, et qu'il lui avoit aussi montré des preuves testimoniales et d'autres choses pour convaincre M. de Voltaire de l'*Epître à Uranie* et des *Lettres philosophiques*. Cela est si révoltant, que je crois que rien ne peut exciter davantage les puissances en faveur de M. de Voltaire, que de leur faire connoître la scélératesse de ce Desfontaines, qui veut ôter l'honneur et persécuter la vie d'un homme à qui il doit la sienne. Ainsi, mon cher ami, votre prudence et votre amitié fera de cela l'usage qu'elle voudra. S'il y a quelques mesures à prendre, vous nous en instruirez. Cette nouvelle, la lettre de M. d'Argenson, dont il vous envoie copie, la dernière lettre que vous lui avez écrite, l'ont enfin fait résoudre à mander qu'on ne commence point les procédures sans un nouvel ordre : c'est déjà beaucoup. Il a écrit à M. le chancelier, à M. de Maurepas, à M. d'Argenson, des lettres très-convenables. Il ne fera paroître son mémoire que lorsque vous le jugerez à propos. Il faudroit un peu pousser à la roue auprès de M. le chancelier. S'il faisoit faire quelques réparations à M. de Voltaire, il s'en contenteroit et se tiendroit tranquille. En vérité, il est honteux qu'on laisse à un homme tel que Desfontaines la liberté d'écrire deux fois par semaine, et j'espère encore que le cri public et votre protection la lui fera ôter. Nous espérons aussi en M. de Maurepas. Je voulois que votre ami écrivît à M. le cardinal (*de Fleury*). On dit que l'abbé Desfontaines lui a écrit. Mandez-moi si vous approuvez cette mesure, et surtout écrivez les choses les plus fortes contre le voyage de Paris et contre le procès. Si vous voyiez la fureur de ses résolutions, vous sentiriez qu'il ne pourroit rien faire de pis que d'aller à Paris, car enfin il ne seroit pas toujours sous vos yeux. Il mande à Mme. de Chambonin de voir M. Hérault, et d'aller à l'audience du chancelier avec M. Mignot, en se disant sa parente. Je l'approuve fort, et cela ne peut faire qu'un bon effet. Mais ce Saint-Hyacinthe nous tourne la tête; et, quand il me dit qu'il veut aller à Paris pour tirer raison de cette injure, je ne sais que lui répondre; il me semble que c'est le trahir que de l'en empêcher. Madame de Chambonin m'a mandé qu'elle n'avoit pas été contente du Burigni dans cette occasion; elle vous l'aura dit sans doute. J'ai engagé le chevalier d'Aidie à parler à Saint-Hyacinthe, qu'il connoît; il faut absolument obtenir de lui un désaveu formel, et qu'il supprime ce libelle qu'il a fait mettre à la fin de *Matanasius*. Or, vous savez que *Matanasius* est entre les mains de tout le monde. Madame de Chambonin vous dira sans doute ce que M. de Voltaire demande des comédiens : je ne sais si cela est bien convenable, et je ne l'approuve pas trop; mais il n'est pas dans un état à entendre raison, et il faut faire ce qu'il veut pour éviter de plus grands malheurs. Il compte que vous direz encore bien fortement au chevalier de Mouhi de ne point faire paroître son mémoire sans son ordre. Ce chevalier lui dit aujourd'hui, dans sa lettre, *qu'un ami trop zélé le fait imprimer;* il faut absolument attendre ce que fera M. le chancelier.

Pour Thiriot, je crois que tout s'appaisera; mais moi je ne lui pardonnerai jamais de m'avoir compromise et d'avoir, sans ma permission, fait courir la lettre qu'il m'écrivoit : cela est inouï. Helvétius me mande que cette lettre a fait un très-mauvais effet, *et qu'il me cache sur cela la moitié de son chagrin :* ce sont ses termes. Je vous avoue que cela m'inquiète. Je vous supplie, mon ami, de me mander tout ce qu'on a dit à ce sujet, car vous savez qu'il faut tout savoir : on peut tout réparer. Mandez-moi aussi s'il n'y a point de danger que, dans ces circonstances, M. du Chastelet aille à Paris. Il compte y être dans quinze jours pour cette maison que je veux acheter.

L

Je ne sais si je vous ai dit que l'auteur de l'*Almanach nocturne* étoit M. le chevalier de Neuville-Montador, auteur très-nocturne, et qui a déjà fait plusieurs brochures aussi estimables que l'*Almanach*. Si vous trouvez quelqu'un qui me l'ait charitablement attribué, vous me ferez plaisir de lui nommer l'auteur, dont je suis très-sûre.

M. de Mesnières a écrit une lettre charmante à M. de Voltaire : c'est un homme bien aimable ; puisqu'il est votre ami, je m'en doutois bien.

Thiriot a écrit une lettre à M. de Voltaire par le canal de M. de Maurepas ; il dit qu'il regarde comme absurde que M. de Voltaire ait payé sa pension chez Mme. de Bernières : cependant la lettre de Mme. de Bernières, que vous avez, en fait foi. Quel homme !

Adieu, mon cher ami. Il ne faut aimer que vous et M. votre frère.

P. S. Prault doit vous avoir remis l'*Epître sur l'Homme*, qui sera la cinquième. Il faut qu'il en demande l'approbation et qu'il ne fasse rien imprimer sans cela : recommandez-le lui bien, mon cher ami.

Thiriot écrit aujourd'hui une lettre à M. de Voltaire, qui commence ainsi : *J'étois enfermé avec un évêque et un ministre étranger, quand madame de Chambonin est venue pour me voir :* cela est bien bon. Et la Poplinière, qui ne répond point à M. du Chastelet ! Tout cela est trop plaisant.

Dumoulin a mandé que vous n'étiez point d'avis qu'on parlât à M. de Maurepas : je suppose à cela quelque malentendu ; car il me semble qu'un désaveu des avocats ne peut faire que du bien.

LETTRE 34.

13 février 1739.

Mon cher ami, j'espère que nous gagnerons notre procès, c'est-à-dire, que notre ami n'en fera point. J'ai eu bien de la peine à l'y déterminer; mais la crainte d'une récrimination sûre et dangereuse l'arrêtera, à ce que j'espère, pourvu que le *Desfontaines* n'instrumente pas de son côté. Une lettre de vous le décidera à la paix. Il faut que son mémoire paroisse (il le corrige encore), et cela, quand M. le chancelier aura parlé. Si ce que M. d'Argenson mande a son exécution (vous avez copie de sa lettre), tout ira bien. Il faudroit que M. le chancelier obtînt un désaveu du *Desfontaines;* nous en obtiendrons un, j'espère, du *Saint-Hyacinthe*, et tout seroit fini. Mais, puisque nous abandonnons le parti de la justice, il faut tâcher que les magistrats nous la fassent; et, pour les y engager, il faut les assurer que la procédure criminelle n'a pas été commencée, et cela est vrai; et elle ne le sera point, s'ils veulent bien accorder leur protection pour obtenir une réparation que l'honneur de M. de Voltaire et la justice réclament également. Voyez M. d'Argenson, au nom de

Dieu, M. Hérault ou madame sa femme, M. le chancelier ou M. l'avocat général; assurez-les, comme M. de Voltaire le leur a écrit, qu'il leur remet sa vengeance et leur soumet ses ressentimens. M. de Caysus mande aujourd'hui à M. de Voltaire, que le bruit qui court qu'il s'est adressé au lieutenant criminel, empêche M. de Maurepas de le servir. Au nom de l'amitié, engagez M. de Maurepas à nous servir, et désabusez-le sur cette procédure criminelle, dont votre ami a eu le dessein, mais qui n'est pas commencée, et qui ne le sera sûrement pas, si on peut obtenir à M. de Voltaire une satisfaction honorable. Il ne peut être blâmé de la demander, et il faut tout faire pour qu'il l'obtienne. Ce malheureux procès sauvé, notre bonheur est assuré; mais s'il étoit une fois commencé, ma vie ne seroit plus qu'une suite d'amertumes. Ayez pitié de moi, mon cher ami: j'ai suspendu le procès jusqu'à présent; je l'empêcherai, si on peut donner quelque satisfaction à notre ami.

Adieu, ange tutélaire. *Sub umbrâ alarum tuarum protege me.*

Mille choses à M. votre frère.

P. S. Réponse, je vous le demande en grâce. N'avons-nous rien à craindre des dénonciations du Desfontaines? L'oseroit-il, n'étant pas attaqué?

LETTRE 35.

16 février 1739.

Mon cher ami, nos affaires commencent à prendre un bon train. Nous savons bien à qui nous en avons l'obligation ; mais notre ange gardien ne peut rien faire pour nous qui nous surprenne. Il faut solliciter vivement M. Hérault, et surtout bien assurer qu'il n'y a aucune procédure criminelle de commencée, et que l'on n'en fera point. Je crois avoir un poids de mille livres hors des épaules, que d'avoir la crainte de ce procès de moins; car je ne crois pas que Desfontaines ose le commencer. Mais c'est ce maudit voyage de Paris, dont la fureur reprend à chaque poste, qu'il faut éviter. Si nous le sauvons, et si nous nous tirons de ce mauvais pas-ci, ce sera encore un des miracles de notre ange gardien. Vous devriez nous faire écrire un petit mot toutes les postes; madame de Chambonin seroit volontiers votre secrétaire; nous ne ferions que les démarches ordonnées par vous, et nous serions en repos; mais nous craignons à tous momens de faire des faux pas, quand vous n'êtes pas notre guide.

Thiriot écrit aujourd'hui une ridicule lettre : il dit que tout le monde abandonne votre ami, qu'on le craint, qu'on le désapprouve, que tout tourne mal, tout cela semé de traits piquans. Nous savons à quoi nous en tenir. Il se vante de ne rien faire et de ne rien écrire que par vos ordres ; ainsi vous pourriez lui dire d'agir et d'écrire un peu plus convenablement. Je crois que le prince royal le rangera à son devoir.

Voici des vers et de la prose que votre ami vouloit vous envoyer par Thiriot ; mais comme je suis sûre qu'il décachète tout et prend copie de tout, je l'en ai empêché, et vous le fais remettre par madame de Chambonin.

Adieu, ange tutélaire.

Je ne sais s'il n'auroit point pris copie de ce que l'abbé d'Olivet doit vous avoir remis sur le *Siècle de Louis XIV* ; car cela a passé par ses mains. Vous le saurez, si vous voulez. La longueur nous en aura peut-être sauvé.

LETTRE 36.

20 février 1739.

Nous ferons tout ce que vous voudrez, mon cher ami ; cela est décidé il y a long-temps dans nos cœurs ; mais nos imaginations s'y sont enfin soumises. M. Hérault veut traiter cette affaire criminellement, ce dont je suis très-fâchée ; car ce mot d'affaire criminelle effraie toujours mes oreilles. Je suis ravie que ce procès commence par les gens de lettres outragés ; les parens de M. de Voltaire interviendront ensuite, et lui jamais, s'il m'en croit. Il seroit content d'un désaveu ; mais le public ni la justice ne le seroient pas. Il est odieux qu'on laisse la liberté d'écrire à un scélérat si méprisé, si haï, reconnu pour un fripon et pour un monstre ; mais le monde subsiste d'abus. Enfin, quoique vous ne nous écriviez point, quoique vous soyez enrhumé, nous sommes bien sûrs que vous faites solliciter M. Hérault par tous vos amis. Je suis bien impatiente de savoir ce que cette affaire deviendra. Vous empêcherez sans doute que votre ami reçoive de monsieur Hérault un assigné pour être ouï; car vous savez bien que je ne pourrois me résoudre à le quitter sans mourir.

M. du Chastelet sera à Paris le 26 ou le 27 ; il ira pour la maison de M. du Pin : je ne sais s'il l'achètera ; mais je sais bien que je le désire infiniment ; car cela me rapprocheroit de vous. Je ne crois pas qu'il fasse grande fête à Thiriot ni à M. de la Poplinière. Ce Thiriot dit qu'il suivra aveuglément vos avis. Plût à Dieu qu'il les eût suivis toujours ! mais enfin, s'il les suit à présent, nous ne craignons rien de ses démarches, et vous le porterez sans doute à faire celles qui pourront nous servir. Il n'a pas voulu rendre à madame de Chambonin la lettre que je lui ai écrite sur cette malheureuse affaire ; cependant je voudrois bien qu'il me la rendît. Il a fait un si cruel usage de celle qu'il m'a écrite, que je ne puis laisser la mienne entre ses mains sans inquiétude. Tâchez, mon cher ami, de la ravoir : il n'aura rien à vous refuser.

Votre ami vous mande qu'il pourroit bien partir pour la Flandre quelque temps avant nous, c'est-à-dire, incessamment, parce que nos affaires, qui sont des plus importantes, pressent. Cependant ce ne sera pas sans avoir reçu encore de vos lettres.

Il faut se défier de Dumoulin ; c'est un traître et un scélérat consommé ; je sais qu'il voit Desfontaines, qu'il l'avertit de tout, et que c'est lui qui, en l'en avertissant, a empêché que nous n'ayons le désaveu des avocats par leur bâtonnier ; mais vous savez que nous avons une lettre d'un de leurs anciens qui y équivaut ; ainsi, je vous supplie de ne rien dire à Dumoulin ni devant Dumoulin. Si vous voyiez M. de Voltaire, si vous étiez témoin de l'emportement de ses résolutions, de l'excès de son ressentiment et de son chagrin, vous sentiriez bien qu'il faut le servir et empêcher qu'il n'aille à Paris: j'aimerois cent fois mieux qu'il allât en Flandre. Tout cela a altéré la douceur charmante de ses mœurs, et je suis dans une cruelle situation ; mais ma confiance en votre amitié, qui veille sans cesse pour nous, me soutient.

Dites bien des choses à M. votre frère : je compte aussi infiniment sur lui dans cette affaire. Recommandez-nous aussi à Mme. d'Argental.

Cette lettre ostensible que Thiriot a tant montrée, m'a fait beaucoup de chagrin ; mais je crois qu'elle lui en fait aussi ; car, comme il a eu l'imprudence et la hardiesse de l'envoyer au prince royal de Prusse, elle lui a attiré une petite lettre assez dure de ce prince, dont je vous envoie la copie. Vous verrez par là que cette belle lettre n'a pas mieux réussi auprès du prince royal qu'auprès de moi. Le prince royal, à qui j'en avois écrit dès que Thiriot m'eut appris qu'il lui avoit envoyé cette lettre, me mande qu'il avoit prévenu mon mécontentement, et m'en donne la preuve dans la copie de sa lettre qu'il m'envoie. Il me dit qu'il se chargeroit avec plaisir du soin de faire l'apologie de M. de Voltaire, et que Trajan se trouveroit honoré de faire le panégyrique de Pline. Tout ceci, entre nous deux seulement, et que Thiriot surtout n'en sache rien. Entre nous, ce Thiriot est un pauvre homme ; mais il pourroit y avoir cent mille Thiriots : quand on a un d'Argental, on est trop heureux.

Adieu, mon cher et respectable ami.

Mandez-nous, toutes les postes, ce qu'il faut que nous fassions. M.me de Chambonin sera votre secrétaire, et non pas le *Mouhi*, ni le *Berger*. Ce *Mouhi* a pourtant bien fait sur le *Préservatif* et pour les *Requêtes;* il faut le ménager et le contenir.

LETTRE 37.

21 février 1739.

Mon cher ami, ceci devient sérieux: mon crédit a empêché jusqu'à présent le voyage de Paris; mais si on perd l'espérance d'avoir justice, je ne le pourrai plus empêcher. Voilà l'affaire renvoyée à M. Hérault. On aura beau solliciter dorénavant M. le chancelier, M. le cardinal, M. d'Argenson, M. de Maurepas; ils répondront: *L'affaire est renvoyée à M. Hérault.* Il est donc question uniquement à présent de M. Hérault; mais M. Hérault veut qu'on procède criminellement par-devant lui, comme vous le voyez par la copie de sa lettre que Mme. de Chambonin vous remettra. Donc il n'y a de moyen d'avoir satisfaction qu'en mettant M. Hérault à portée d'informer, puisqu'il ne veut point user de la voie de l'autorité. Vous craignez que la démarche d'entamer ce procès criminellement, même par-devant M. Hérault, au nom de votre ami, ne soit dangereuse, et je le crains aussi ; mais cependant elle l'est bien moins qu'au parlement ; car, 1°. il n'y a point de *Lettres philosophiques* à craindre, et 2°. les avocats n'auront point le plaisir malin d'exercer leur éloquence, deux choses qui seroient à craindre au parlement. Enfin, M. Hérault traitera la chose sommairement, et peut passer par-dessus les récriminations vagues de l'abbé Desfontaines, comme celle de l'*Epître sur l'Envie*, où il n'est point nommé, et dont il n'y a point de preuves juridiques contre votre ami. A l'égard de l'estampe et du *Préservatif*, ils ne sont pas de lui, et il y en a des preuves. La lettre insérée dans le *Préservatif* est de lui ; mais il y a des preuves qu'elle a été imprimée sans son aveu. Il s'agiroit donc de savoir ce que M. Hérault pense véritablement et ce qu'on en peut espérer, et surtout s'il dispensera votre ami d'aller répondre en personne à son tribunal ;

car, en vérité, sa santé ne seroit pas en état de soutenir à présent ce voyage, et je ne pourrois y consentir sans mourir de douleur. Tâchez donc, mon cher ami, soit par vous, soit par cet aimable M. de Mesnières, de savoir la résolution de M. Hérault, afin de nous conduire en conséquence; car enfin, si on ne procède pas juridiquement par-devant monsieur Hérault, surtout après la lettre dont vous verrez la copie, c'est se laisser arracher sa proie. Je ne puis approuver que Mme. de Chambonin ait empêché qu'on présentât à M. Hérault une requête signée d'un procureur au nom des gens de lettres qui se sont déjà plaints, et je persiste à exiger cette démarche, que je crois nécessaire et que vous me paroissez regarder comme telle dans votre lettre. Il faut ou qu'ils la présentent, un ou deux qui la signeront suffisent; ou que M. de Voltaire la présente en son nom, ou que ce libelle reste sans vengeance. Le dernier, il ne faut pas espérer que M. de Voltaire le souffre, et je

ne

ne sais si on doit l'exiger : le second pourroit être dangereux : le premier est le seul, mais il faut le prendre absolument, et je le recommande à votre amitié; c'est un coup de partie. Vous n'aurez qu'à envoyer chercher le Mouhi; en un quart d'heure cela sera fait. Les frais ne doivent point arrêter ; M. de Voltaire les paiera tous, quoiqu'ils coûtent; je vendrois plutôt ma chemise.

Au nom de Dieu, mon cher ami, donnez une attention sérieuse à ce que je vous dis, et faites présenter cette requête.

M. du Chastelet part mardi pour Paris. Il parlera à M. Hérault.

Au nom de Dieu, faites parler M. de Mesnières à M. Hérault. M. de Voltaire lui écrira demain et aux autres personnes que vous lui marquez. Il s'est couché n'en pouvant plus.

De vos nouvelles toutes les postes, soit par Mme. de Chambonin, soit par vous-même. Prault a l'*Ode sur la Superstition* par cette poste, et l'*Epître sur*

M

l'Homme, il y a déjà long-temps. Empêchez qu'il ne mésuse de l'un et de l'autre : ce sont deux morceaux délicats.

Adieu, mon cher ami. Je n'en puis plus, je suis bien à plaindre ; mais votre amitié me console.

LETTRE 38.

23 février 1739.

Mon cher ami, j'espère que vous nous instruirez de votre résolution sur la lettre de M. Hérault et sur la réponse de votre ami. Vous voyez que l'affaire est renvoyée à M. Hérault, et c'est de lui qu'elle dépend à présent entièrement. Quand on parlera au chancelier et aux autres ministres, ils diront : *L'affaire est renvoyée à M. Hérault ;* et M. Hérault dira : *Qu'on me présente une requête, et je ferai justice.* Donc point de justice sans requête. Mais, d'un autre côté, si M. de Voltaire présente requête, ne faudra-t-il pas aller à Paris? Est-on sûr que M. Hérault nous servira en ami? Voilà ce qu'il faudroit savoir; et, en attendant, pourquoi n'avoir pas présenté requête au nom du chevalier de Mouhi et de Thiriot, que la lettre du prince a aiguillonné, et qui offre de faire tout ce qu'on veut? Pour moi, je ne vois pas pourquoi on ne l'a pas fait. Le neveu de M. de Voltaire auroit dû aussi en présenter une. Cependant rien ne se fera sans vos ordres; c'est notre première loi. Mais je suis à tout moment prête à voir partir M. de Voltaire pour Paris, et à mourir de chagrin par conséquent. Madame de Chambonin vous dira les justes raisons que j'ai de m'opposer à ce voyage; mais il ne cesse de me répéter que c'est le trahir que de le retenir à cinquante lieues, pendant que son ennemi est à Paris et triomphe, et de lui faire soutenir un procès criminel sans y être. A cela que répondre? Secourez-moi, ange divin. Il écrit aujourd'hui toutes les lettres que vous lui avez ordonnées. M. du Chastelet nous a promis de voir M. Hérault, et de tâcher de savoir ce qu'il pense; mais c'est M. de Mesnières surtout qui pourroit le savoir, et de là dépendent à présent notre sort et nos démarches.

J'ai encore quelque espérance que monsieur du Chastelet achètera la maison de l'île. Je vous prie de l'exhorter à cette emplette, qui est assurément belle et bonne. N'en parlez qu'à lui. Je voudrois que cela fût fait avant qu'on le sût.

Adieu. Je suis bien affligée; mais je vous aime bien tendrement.

LETTRE 39.

Mars 1739.

Mon cher ami, M. de Voltaire vient de recevoir une lettre de vous, que l'on voit bien qui est écrite par un ange. Je suis bien sûre qu'il suivra de point en point tout ce qu'elle contient; du moins c'est ce qu'il devroit faire, s'il entendoit ses véritables intérêts. Je suis enchantée que cette requête soit signée et présentée. Cette démarche me raccommode presque avec Thiriot. Il m'écrit aujourd'hui une lettre d'un autre ton que sa prétendue lettre ostensible que je n'avois point demandée, et que je suis très-fâchée qui ait été montrée. Vous sentez bien, mon cher ami, qu'il n'est nullement de l'intérêt de M. de Voltaire que je sois fourrée dans tout cela. Si cela ne lui étoit pas nuisible, je ne reculerois pas; mais il le sent trop bien pour ne pas le craindre : aussi le craint-il plus que moi. Je suis toute rassurée de ce qu'elle ne sera point imprimée : je vous avoue que j'en eusse été au désespoir. Engagez Thiriot à retirer les copies qu'il en a données, et qu'il finisse de parler de moi dans tout cela. Mais le plaisant, c'est que M. du Chastelet ayant écrit à la Poplinière, Thiriot mande à M. du Chastelet que M. de la Poplinière ne lui répondra pas; mais que ce n'est pas sa faute à lui Thiriot, et il le prie de ne le lui pas imputer : cela est trop ridicule pour s'en fâcher.

Voilà, mon cher ami, la lettre que vous désirez pour Linant,

<small>Oui, vous amolliriez le cœur le plus farouche,
L'indulgente vertu parle par votre bouche.</small>

Je suis trop heureuse d'avoir cette petite occasion de vous marquer combien tout ce qui vient de votre part m'est cher et sacré, et combien le plaisir de vous obéir l'emporte sur mon ressentiment. Je suis d'ailleurs très-disposée à croire qu'un homme qui a de l'esprit et du talent n'a point trempé dans de si indignes tracasseries ; du moins j'aime à me le persuader.

La Marre a enfin écrit sans parler de ses lettres passées : il mande seulement qu'il n'a pas tort. Comme cela paroît une énigme à votre ami, il le pressera sûrement ; mais je vous supplie de m'assurer de son secret, sans quoi je serois perdue. Je vous supplie aussi, dans votre première lettre, de me mander que vous me renvoyez l'original de *l'Envieux*, afin que je puisse le rendre.

L'abbé Moussinot fait à présent le malheur de ma vie; il écrit les lettres les plus fortes à votre ami pour l'engager à aller à Paris. Je n'ai pas besoin de vous dire à quel point cette idée m'afflige; l'exécution me mettroit au désespoir.

Au nom de l'amitié, mon ange tutélaire, envoyez-moi le contre-poison ; mandez combien on feroit mal de partir, et tâchez d'engager cet insensible abbé à n'en plus parler. Quand il verra que vous désapprouvez le voyage, il n'en parlera plus ; car il a pour vous la vénération qu'il doit.

Mais votre ami a la fureur d'un procès criminel : tout ce que je puis lui dire ne peut rien contre l'emportement de ses résolutions ; je ne puis rien sans vous ; mais avec vous je suis bien forte. Je ne crois point du tout qu'il soit à propos de l'entreprendre, quoique votre ami jure qu'il n'a rien à craindre de ce que vous savez, et qu'on n'a point de preuves contre lui. Cependant cette lettre (1) subsiste et peut-être d'autres preuves que ni lui, ni moi, ni vous ne connoissons. En vérité, il est bien dur de passer sa vie à batailler dans le sein de la retraite et du bonheur. Mon Dieu ! s'il nous croyoit tous deux, qu'il seroit heureux !

A propos, il peut prouver qu'il n'est point l'auteur du *Préservatif.*

Adieu, mon ange gardien. Je vous aime à proportion de ce que je vous dois ; je ne puis rien dire de plus.

M. de Voltaire envoie aujourd'hui une procuration à l'abbé pour ce procès criminel. Engagez l'abbé à aller bride en main et à le servir en véritable ami, c'est-à-dire, à lui épargner des démarches dont il se repentiroit peut-être.

Mon Dieu ! la bonne Bernières ! je

---

(1) La lettre que M. de Voltaire avoit écrite à Jore, imprimeur des *Lettres philosophiques.*

l'aime de tout mon cœur. Que Thiriot voie sa lettre.

Votre ami se charge de vous envoyer la lettre sur Linant : je la lui ai donnée. N'en dites mot à Linant avant d'avoir cette lettre.

LETTRE 40.

Mars 1739.

Nous sommes dans la dernière surprise, mon cher ami, de recevoir une lettre du 28 de vous, et que vous n'eussiez pas encore reçu la tragédie, qui est partie le 23 par Bar-sur-Aube. Il faut qu'il lui soit arrivé bien des accidens en chemin. Nous attendons la nouvelle de son arrivée avec impatience. J'ai bien senti tout ce qui s'opposoit à la promptitude que nos affaires exigent ; mais il est permis de la désirer. Il faudroit toujours faire copier les rôles, et si *Mahomet second* est sifflé, ce qui pourroit bien lui arriver, les comédiens donneroient la nôtre. Il faudroit que l'active et obligeante Mlle. Quinault les engageât, s'il est possible, à cet effort ; sinon ce sera pour après Pâques. Nous attendons votre jugement avec impatience. Votre ami vous a fait tenir la dernière édition de son mémoire, qui, je crois, est bien à présent, à l'endroit de la prison près, que je voudrois supprimer. Il vous a envoyé la lettre pour M. l'avocat général. Il compte que vous voudrez bien la lui remettre, ainsi que le mémoire. Il n'a point écrit au chevalier de Brassac, parce qu'il avoit envoyé son mémoire directement à M. d'Argenson, qui n'a point répondu : je ne sais s'il n'aura point été fâché de cette démarche ; mais je ne le puis croire. Nous espérons que M. votre frère voudra bien le faire voir à M. de Maurepas. Ses requêtes n'ont pas encore été présentées, je ne sais pourquoi. J'ai bien de la peine à l'empêcher d'aller à Paris : il dit que l'on ne fait que des sottises. J'espère en vous pour l'en dissuader. Vous verrez Mme. de Chambonin, que de malheureuses affaires appellent encore à Paris : c'est, après vous, notre meilleure amie ; elle doit vous parler de bien des choses de ma part : elle vous porte un des habitans de nos bois. Nous vous prions d'en faire un peu notre cour à Mme. d'Argental. M. de Voltaire ne fera point imprimer ses attestations ; il sent à merveille que ce que vous dites sur cela est très-vrai ; il vous écrit à ce sujet et sur sa tragédie : nous voulons vous écrire tous deux. Je suis affligée de ce que vous me dites de l'ambassadeur de Hollande : j'ai rayé cet endroit de votre lettre avant de la montrer à M. de Voltaire ; il n'a pas besoin de nouveaux sujets d'affliction. Je charge Mme. de Chambonin de voir cet ambassadeur et de le détromper. Je suis un peu mêlée dans cette affaire-là, parce que Mme. de Chambonin, à son dernier voyage, a montré à cet ambassadeur une lettre de moi où je détaillois le fait. Or, je ne crains rien sur cela ; car tout ce que j'ai mandé est la plus exacte vérité, et je ne veux pas que les libraires de Hollande lui en imposent et me fassent passer pour quelqu'un qui assure légèrement.

Mon Dieu! que les gens les plus heureux sont à plaindre!

Adieu, ange consolateur. Gardez-nous toujours: nous vous aimons avec une tendresse extrême.

LETTRE 41.

Mars 1739.

HELVÉTIUS m'apprend en ce moment qu'une *Epître sur le Plaisir* et une *sur l'Homme* paroissent. Comme on ne sait, dans ce bienheureux pays, si l'on est digne d'amour ou de haine, je vous prie de me mander ce que l'on en dit. Pour moi, je ne crois que l'on puisse s'en plaindre; mais, mon cher ami, vous connoissez ma sensibilité et mes frayeurs. Helvétius prétend qu'on les imprime: je ne sais pas si ce sont celles de votre ami. Helvétius dit qu'on les lui attribue. Je ne veux ni craindre ni me rassurer que sur ce que vous me manderez ; mais ayez pitié de mon incertitude, et ne la faites pas durer long-temps : un mot de vous m'est nécessaire pour ne pas me tourmenter.

M. Hérault a-t-il reçu notre lettre en bien ? Dites-nous tout ce qu'il faut nous dire, pour que nous soyons tranquilles.

C'est Mme. d'Aiguillon qui a donné les *Epîtres*.

J'apprends que le *Fat puni* a ranimé *Mahomet* prêt à mourir.

Votre ami baise vos ailes.

P. S. Envoyez chercher ce Moussinot ; défendez-lui de présenter requête au lieutenant criminel. Cette idée tourne la tête de notre ami ; mais cela perdroit tout : il faut bien s'en garder, mon cher ami ; je crains les ordres précipités.

LETTRE 42.

7 mars 1739.

Je suis si aise de la nouvelle que vous nous apprenez et que toutes nos lettres confirment, qu'il faut, mon cher ami, que je vous le dise. Soyez persuadé que personne ne sentira jamais plus vivement que moi ce qui vous touche, et je défie tout le monde sur le plaisir que j'ai ressenti quand j'ai appris que M. l'archevêque d'Embrun (1) alloit s'appeler M. le cardinal Tencin.

Je vois, par la lettre que Mme. de Chambonin m'écrit, que rien ne vous fait négliger les affaires de vos amis. Vous devez juger, par mes alarmes, combien je désire que ce procès soit évité, et que le désaveu finisse honorablement une si désagréable affaire. Mais si vous saviez la peine que j'ai de reprimer les impétuosités de votre ami, vous verriez

---
(1) Oncle de M. d'Argental.

que je dois toujours trembler. Il me cache souvent ses démarches, et je crains toujours qu'il n'en fasse quelqu'une qui renverse tout. C'est le chevalier de Mouhi qui est son grand confident, et, en le tenant en bride, il n'y a rien à craindre; mais il lui faut un bon mords, car il est zélé; mais il a un zèle qui est souvent imprudent. M. d'Argenson pourroit le contenir, et je mande à M. son frère de le prier de l'empêcher de rien faire de mal à propos. Il a ce mémoire entre les mains; il lui vaudroit de l'argent en le faisant imprimer; si, avec cela, M. de Voltaire paroît n'en être pas fâché, il le lâchera, et nous serions perdus : voilà un inconvénient, divin ange gardien.

En voici un autre; c'est qu'il faut que ce désaveu de Desfontaines soit regardé comme une réparation qu'il fait à M. de Voltaire, et non comme un accommodement entre lui et M. de Voltaire; car vous sentez bien que cette idée ne peut se soutenir : cela dépendra de la façon dont le désaveu sera tourné. Il faut qu'il commence par avouer qu'il a des obligations à M. de Voltaire, qu'il n'a jamais eu aucune intention de l'offenser, et qu'il déclare que tout ce qui est dans la *Voltairomanie* est faux et calomnieux, sans dire qu'il en est l'auteur ou non ; il faut, de plus, que M. Hérault et M. d'Argenson lui défendent, sous les peines les plus rigoureuses, de jamais prononcer le nom de M. de Voltaire, ni de ses ouvrages, ni de le désigner comme on a fait pour Fontenelle ; car, s'il continue à le piquer dans ses *Observations*, M. de Voltaire continuera à se venger, et nous serons aussi avancés que le premier jour ; mais votre amitié saura obvier à tous ces inconvéniens. Nous sommes trop heureux que M. du Chastelet ait été à Paris, et qu'il ait exigé ce plein pouvoir de M. de Voltaire, car cela le contient un peu ; mais il n'y a point de termes qui puissent exprimer le bonheur d'avoir un ami tel que vous : vous aurez soin de l'honneur de votre ami comme de son repos, et il faut vous laisser faire.

Je

Je ne lui ai point parlé aujourd'hui ; j'ai ouvert la lettre de Mme. de Chambonin trop tard : ce sera pour lundi. Quand on lui annoncera comment les choses se sont passées, il faudra que vous lui mandiez les raisons qui vous ont déterminé à prendre ce parti, et surtout que vous lui mettiez devant les yeux, avec force, tout ce qu'il risquoit par un procès criminel, et la nécessité qu'il y a pour lui d'opposer la plus extrême modération à l'emportement fougueux auquel il s'est livré jusqu'à présent. Vous avez bien raison sur l'*Epître sur l'Envie*. Mon Dieu ! qu'il seroit aimable et heureux, s'il suivoit vos conseils ! Ne vous lassez point, ange consolateur, de nous mettre sous l'ombre de vos ailes.

Je vous prie que Mme. d'Argental n'ignore pas combien je désire son amitié.

J'espère pourtant que je serai dame du palais Lambert.

LETTRE 43.

2 avril 1739.

Madame de Chambonin est arrivée, mon cher ami; et, après avoir bien pesé dans notre petit triumvirat ce qu'on propose à votre ami, voici quelles sont nos résolutions : 1°. l'affaire étant au point où elle est, et M. Hérault l'envisageant d'un côté où assurément nous n'avions jamais pensé, ce que nous désirerions le plus, c'est que l'on rompît tout, qu'il ne fût plus question de désaveu, et que notre ami fît paroître son mémoire dans une quinzaine de jours; car je vous avoue que toute idée de réciprocité me révolte. M. du Chastelet, qui est chargé de son pouvoir, pourroit rompre avec hauteur, en disant qu'il ne veut point qu'un homme pour qui il s'intéresse signe une chose si honteuse. Par là M. Hérault n'auroit rien à reprocher à M. de Voltaire, sur qui rien ne rouleroit. 2°. Si cette voie ne peut réussir, et qu'on craigne de fâcher M. Hérault, voici le parti qu'on pourroit prendre. Votre ami s'engageroit, parole d'honneur, envers vous, envers M. d'Argenson, M. Hérault, M. du Chastelet, etc., même par écrit, de faire paroître dans quelque ouvrage périodique, dans l'espace de six semaines, un désaveu du *Préservatif*, où, sans le qualifier de libelle, il diroit *qu'il n'est point de lui, et l'a toujours soutenu ; qu'il a été très-fâché de cet ouvrage, et surtout qu'on y ait inséré une lettre de lui qui ne devoit jamais être publique.* Et l'abbé Desfontaines mettra, dans huit jours, son désaveu dans les *Observations*, où il insérera le mot de *reconnoissance*. Toutes les raisons pour lesquelles on l'en a exclu ne valent rien ; car, comme il s'agit d'ingratitude, le mot de *reconnoissance* est le fait. Ce que je propose là est non-seulement le *nec plus ultrà* de mon crédit, mais aussi tout ce à quoi je puis consentir. Je vous avoue que j'ai, pour toute espèce de réciprocité avec ce scélérat, une si terrible répugnance, qu'elle surpasse peut-être encore celle de votre ami. 3°. Enfin, jamais je ne souffrirai qu'il signe un désaveu pur et simple du *Préservatif*, car il entraîneroit tacitement celui d'une lettre qui est de lui, et qui contient des faits qu'il démontre vrais papiers originaux sur table, et qu'enfin cette lettre forme le corps du délit contre *Desfontaines* au tribunal des honnêtes gens, puisqu'elle contient l'histoire de son ingratitude. Voici donc les deux points de mon sermon : 1°. rompre tout à fait, qui est ce que j'aime le mieux; et 2°. placer dans quelque ouvrage le désaveu du *Préservatif*, la lettre exceptée, et cela, six semaines après que celui de Desfontaines aura paru. Il n'y en a pas un troisième; et, si M. Hérault étoit assez injuste pour se fâcher, j'aimerois mieux que M. de Voltaire passât sa vie dans les pays étrangers, que d'acheter par son déshonneur la permission de vivre dans un pays qui doit faire sa plus grande gloire de l'avoir produit. Je vous avoue, mon cher ami, et vous vous en appercevrez assez, que l'indignité de la conduite et des propos de certaines gens a poussé ma patience à bout, et que mon amitié extrême pour vous a besoin de toute sa force sur mon cœur pour me soumettre aux sages avis que vous me donnez, et pour ne pas conseiller les partis les plus violens; mais

J'aime encor plus Cinna que je ne hais Auguste.

Je veux que votre ami et moi, nous puissions vivre quelques jours avec vous au palais Lambert, qui est à présent l'hôtel du Chastelet.

J'écris les mêmes choses à M. d'Argenson et à M. du Chastelet.

Si notre ami se trouve dans la triste situation de déplaire à M. Hérault, ou de signer une chose honteuse, c'est par déférence pour vous qu'il s'y est mis; ainsi c'est à vous à l'en tirer.

LETTRE 44.

6 avril 1739.

Mon cher ami, ce qu'on exige de nous, nous tourne la tête. J'aime mieux que votre ami sorte de France, que de signer un écrit double avec l'abbé Desfontaines, et je ne foiblirai jamais sur cela. Mais je ne vois pas pourquoi on l'exigeroit. Nous avons demandé une réparation; on nous dénie la justice; nous n'en voulons plus; cela me paroît tout simple. Il n'y a qu'à rendre à l'abbé Desfontaines son désaveu, et qu'il n'en soit plus parlé. M. du Chastelet peut prendre cela sur lui, et dire qu'il ne le veut pas; cela ôtera à M. Hérault tout prétexte de se fâcher : et puis, après tout, je ne vois pas qu'il en eût sujet, et qu'il puisse être plus notre ennemi qu'il l'est. Je vous prie, engagez M. du Chastelet à nous tirer de ce labyrinthe ; il n'y a que lui qui le puisse, et, si vous le voulez, il le fera. Son honneur et celui de tous les amis de M. de Voltaire y est engagé : voilà une triste fin. Je lui écris lettres sur lettres pour l'y déterminer.

N'êtes-vous pas indigné de toutes les misérables brochures qui courent? En vérité, M. d'Argenson se moque de nous. Mais détruisez donc, vous et Mlle. Quinault, et tous les comédiens, cette calomnie que *Mérope* a été refusée. Envoyez vos avis sur *Zulime ;* ils seront suivis. Il faut que votre ami travaille pour ne se pas désoler ; et, tout indigne que le public en est, je crois qu'il faut se dépêcher de lui donner une bonne tragédie.

Adieu, mon cher ami. Croyez que, sur cette infamie de signature, c'est moi qu'il faut prêcher plutôt que M. de Voltaire ; mais jamais je n'y consentirai ; je l'aime mieux absent que déshonoré ; cela feroit trop rire ceux qui osent être ses envieux. Ah ! mon Dieu ! il eût fallu tout rompre à la première proposition. Comment cela peut-il s'imaginer ?

Je vous embrasse, mon cher ami, bien tendrement et bien tristement.

Votre ami ne sait rien de toutes les indignités qui courent.

LETTRE 45.

10 avril 1739.

Mon cher ami, enfin M. d'Argenson nous rend la vie par sa lettre d'aujourd'hui, car il nous dispense de rien signer. Le tout est que M. Hérault ne s'en fâche pas. Voici la lettre de votre ami pour lui. M. de Mesnières, pour qui je vous envoie aussi un mot, voudra bien la donner. Mandez-nous comment nous devons nous conduire pour tirer quelque avantage de ce désaveu signé dans les mains de M. Hérault, et pour ne le point fâcher. Je crains que les expédiens que propose M. d'Argenson ne soient dangereux. Nous ne voulons rien faire sans avoir votre avis. Votre ami retravaille son mémoire; il en veut faire une dissertation contre les libelles, et y mêler son apologie sans nommer seulement l'abbé Desfontaines. Je ne l'ai pas encore vu, mais il vous le soumettra : il ne veut pas faire un pas que vous ne le dirigiez. Si vous n'êtes pas content de sa lettre à M. Hérault, vous nous la renverrez; mais je crois que vous la trouverez assez adroite. Il écrira des *lanturelus* polis à *Déon* par la première poste. Enfin, mon cher ami, il s'agit de ne rien signer pour l'abbé Desfontaines, de ne point fâcher M. Hérault, de tirer, si l'on peut, quelque avantage du désaveu de l'abbé, signé entre les mains de M. Hérault, et de faire paroître une apologie. Aidez-nous à faire tout cela prudemment et utilement. Nous attendons vos ordres. Donnez-nous-les aussi pour *Zulime*; car je crois qu'un grand succès seroit bien appliqué, et il ne doit pas tenir à grand'chose, et il le faut promptement.

Adieu, mon cher ami, je vous aime comme vous méritez de l'être, c'est-à-dire, avec une tendresse extrême.

Votre ami baise vos ailes, et Mme. de Chambonin vous fait mille complimens.

P. S. Il renaît des velléités de procès. Au nom de Dieu, prévenez-les. Pas seulement une requête au lieutenant criminel. Si vous le défendez, il ne le fera pas.

LETTRE 46.

12 avril 1739.

J'AI un frère qui est assez aimable, qui d'ailleurs aime son métier, s'y applique et le sait assez bien. Il est grand-vicaire de M. l'archevêque de Sens. Il désireroit d'accompagner M. le cardinal de Tencin à Rome, et d'être son conclaviste en cas que le pape se laissât mourir. Voyez, mon cher ami, si je pourrois encore vous avoir cette obligation : j'ose vous assurer que M. votre oncle sera content de mon frère, et je vous en serai infiniment obligée et à lui aussi. Quand vous l'aurez permis, il ira vous voir et vous prier de le présenter.

Ne jugeriez-vous pas qu'indépendamment de ce que l'abbé Desfontaines mettra dans ses *Observations*, on lui en fasse signer un double qui demeurera ou entre vos mains, ou entre celles de M. d'Argenson, ou même entre celles de M. de Voltaire, pour contenir cet homme à l'avenir; car, s'il venoit un ministère ou plus favorable à l'abbé Desfontaines, ou plus contraire à M. de Voltaire, il auroit bientôt oublié cet article des *Observations*. Pesez cela, mon cher ami; car il faut finir cette affaire sans retour.

LETTRE 47.

15 avril 1739.

Mon cher ami, je vous ai fait une demande indiscrète, en vous priant de parler à M. votre oncle pour mon frère; mais pardonnez à l'ignorance où j'étois que vous ne pouviez pas vous intéresser pour lui : je respecte vos raisons, quelles qu'elles soient, et je ne vous en parlerai jamais.

Il n'en est pas de même de l'affaire de votre ami avec ce scélérat; elle me tient bien autrement à cœur, et je sais que rien ne peut vous empêcher de l'y servir.

Mme. de Chambonin et d'autres encore me mandent qu'il pleut des brochures au sujet de la *Voltairomanie*; on m'en envoie une qu'on me mande être la plus modérée; elle est intitulée *le Médiateur*. Vous verrez aisément qu'elle vient de l'abbé Desfontaines, qui veut préparer le public au désaveu qu'on exige de lui, et le faire regarder comme un *accommodement;* mais je me flatte que vous le ferez faire de façon que ce sera une *réparation authentique*, sans quoi ce seroit un nouvel affront. J'envoie le nouveau libelle à Mme. de Chambonin, pour qu'elle vous le montre. Il faut que M. Hérault et MM. d'Argenson le voient, et j'espère que leur autorité bravée et l'impudence de ce scélérat leur feront sentir de quelle façon il faut le traiter. Il est certain qu'un simple désaveu inséré dans les *Observations*, à la tête desquelles son nom n'est seulement pas, ne suffiroit pas. Il faut qu'il signe qu'il a trop d'obligation à M. de Voltaire pour être l'auteur du libelle intitulé *la Voltairomanie*, et qu'il reconnoît qu'il ne contient que des calomnies d'un bout à l'autre, ou quelque chose d'approchant. C'est ce que je recommande à votre amitié. Si ce scélérat se rendoit trop difficile, il n'y auroit qu'à lâcher la bride au chevalier de Mouhi, qui recommenceroit ses procédures et qui le feroit sûrement chanter. Ce scélérat craint le procès, et il a raison ; car, à cause de la récidive, il ne peut éviter les galères, et M. de Voltaire ne paroissant point, n'est point compromis. J'aime mieux ce désaveu, s'il est honorable ; mais tout vaut mieux que l'ombre d'un accommodement avec un tel scélérat.

Pardon, mon cher ami, de mes importunités. J'ai caché le nouveau libelle à votre ami, car il l'éloigneroit bien de nos vues présentes. *In manus tuas, angele, commendo honorem nostrum.*

LETTRE 48.

20 avril 1739.

Mon cher ami, point de lettre de vous, cela est désolant ! car enfin vous êtes notre boussole, notre consolation, notre ange gardien. Nous ne savons ni si monsieur Hérault a reçu la lettre, ni s'il en est content, ni quelles sont vos raisons pour ne pas permettre l'impression de ce petit ouvrage, ni si on parle de ses *Epîtres* qui paroissent, ni enfin ce que le chevalier de Mouhi veut dire avec toutes les peurs qu'il nous fait. Il dit que votre ami s'exposera, s'il fait paroître la moindre chose au sujet de Desfontaines. Mais peut-on lui interdire une juste défense à lui, que l'on souffre qui soit attaqué tous les jours? Cela est incroyable. Il dit de plus, ce chevalier, que le ministère a été indisposé d'une lettre que votre ami a écrite à l'abbé du Bos, et que l'abbé du Bos a eu l'imprudence ou la vanité de faire imprimer. Mais cette lettre, qui parle du plan de l'*Histoire de Louis XIV*, est très-sage; et, de plus, votre ami n'est-il pas assez à plaindre que l'on fasse ainsi imprimer ses lettres? Enfin, mon cher ami, vous connoissez nos craintes et tous les malheurs que nous avons essuyés; rassurez-nous et conduisez-nous. Quand tout sera rompu avec M. Hérault, un mémoire sage pourra-t-il être blâmé? En un mot, conduisez-nous:

nous ne présenterons point de requête au lieutenant criminel; cela est décidé ; mais ce qui est encore plus décidé, c'est que, depuis long-temps, nous vivons en crainte, et que nous sommes par conséquent fort malheureux.

Mais voilà de quoi nous achever. Certainement, dans l'état où est votre ami, s'il avoit reçu cette lettre, je ne puis dire ce qui en seroit arrivé : je l'ai heureusement soustraite ; je vous l'envoie, mon cher ami ; vous verrez quel remède on peut y apporter : vous en userez avec votre prudence ordinaire; car vous voyez que cet homme craint d'être nommé, et il ne faut pas s'en faire un ennemi. M. de Mesnières pourroit la montrer à l'ambassadeur de Hollande, et l'engager à écrire sans nommer *du Sauzet :* c'est un libraire de Hollande qui vend la bibliothèque française. Le bonheur de notre vie est perdu, si M. de Voltaire sait jamais ce dernier outrage. Il ira faire un procès en Hollande, et Dieu sait ce qui en arrivera. Mon cher ami, ne m'abandonnez

donnez pas : dites-moi ce qu'il faut que je fasse ; j'ai besoin de vos conseils et de votre amitié ; car, depuis quelques mois, ma vie est bien traversée.

Je crains encore que ce commencement de *Louis XIV* ne s'imprime, et qu'on ne le trouve mauvais. Thiriot, l'abbé du Bos, MM. d'Argenson, etc., l'ont : que faire ? Si on avoit affaire à des gens sans préventions, il est sage.

Mme. de Chambonin a écrit à l'ambassadeur de Hollande, et lui dit que M. de Mesnières lui parlera. Renvoyez-moi cette lettre.

LETTRE 49.

27 avril 1739.

Mon cher ami, vous nous rendez la vie. Je me suis bien doutée que vous ne nous abandonneriez pas dans ces cruelles circonstances. Enfin, tout est appaisé, tout est fini : votre ami vous envoie le désaveu dont vous nous avez envoyé le modèle, et la lettre pour M. Hérault. Ce que vous proposez est si raisonnable, qu'il n'y a pas moyen de ne s'y pas rendre; mais ce n'étoit pas ainsi que monsieur Déon l'avoit d'abord proposé. Enfin, mon cher ami, le voilà : nous nous mettons sous l'ombre de vos ailes : gardez-nous, mon cher ange. J'espère qu'avec cette précaution tout ira bien, et que l'on ne nous inquiétera point sur ces *Epîtres*, qui, après tout, sont sages. Le chevalier de Mouhi a le désaveu, et je crains qu'il ne l'ait répandu. Votre ami ne m'a pas consulté pour le lui envoyer. Je ne puis pas tout parer. J'écris à ce chevalier pour lui défendre d'en faire usage; mais je crains que le mal ne soit fait : je l'ai appris trop tard. Ce sont les conseils de M. d'Argenson qui nous ont entraînés dans cette faute ; mais j'espère que ce que nous vous envoyons la réparera. Envoyez chercher ce chevalier, ou bien passez-y ; car je crois qu'il ne peut sortir. Défendez-lui l'usage du désaveu : vous saurez par lui le chemin que cela a fait. Qu'il ne dise point surtout qu'il le tient de notre ami ; qu'il se taise, et, je vous prie, exhortez-le à ne rien laisser paroître. Il me mande qu'il y a deux éditions des *Mémoires* commencées : il faut de l'argent pour les retirer : je lui en aurois envoyé, si votre ami ne m'avoit assuré l'avoir fait ; mais, s'il ne l'a pas fait, je lui enverrai cent écus qu'il lui faut pour cela, à condition qu'il vous remettra tous les exemplaires et autres choses, pour nous mettre en repos.

Mon cher ami, vous nous manderez la réussite de ce que nous vous envoyons, et vous nous tranquilliserez.

Nous partons, mais ce ne sera pas sans vous le mander ; ainsi, nous comptons recevoir encore de vos nouvelles.

Si vous voyiez les états où toutes ces misères mettent votre ami, vous excuseriez ma douleur et mes inquiétudes. S'il pensoit comme moi, il ne s'en soucieroit guère. Je lui ai dérobé la connoissance de toutes les brochures qui ont paru depuis la *Voltairomanie;* je voudrois lui cacher l'horreur de ces libraires de Hollande; il seroit au désespoir. Priez M. de Mesnières de ne se point lasser de m'obliger. Mon Dieu ! que j'ai envie de le connoître et de le remercier !

Pour vous, mon cher ami, quels termes vous exprimeront jamais mon amitié et ma reconnoissance ?

Nous avons relu *Zulime;* nous avons fondu en larmes; elle est digne de vos soins. Je crois que, dans les circonstances présentes, il seroit prudent de la donner. On corrigera tout ce que vous voudrez.

Il faut que M. de Mesnières se dépêche, parce qu'on a mandé au Mouhi de rendre la lettre. Ce Mouhi est un bon garçon, trop zélé, et qu'il faut ménager.

LETTRE 50.

7 mai 1739.

Mon cher ange, je vais monter en carrosse dans une demi-heure; mais je veux avant vous demander votre bénédiction. La santé de votre ami est dans un état si déplorable, que je n'ai plus d'espérance, pour la rétablir, que dans le fracas du voyage et le changement d'air. Il est bien triste d'en être réduit-là par un *Desfontaines*. Cependant, si l'affaire finit par vos bontés, comme nous l'espérons, cela lui donnera peut-être un peu plus de tranquillité, pourvu qu'il n'aille pas savoir l'infamie de ses libraires de Hollande. Ecrivez-lui une lettre de consolation à Bruxelles, et dites-lui que l'ambassadeur de Hollande s'intéresse vivement pour lui. Nous ne saurons que là si l'affaire de *Desfon-*

taines est finie. Saint-Hyacinthe a enfin écrit une lettre à M. de Saint-Marc sur cette horrible calomnie insérée dans la *Voltairomanie*, dont je suis assez contente. Je ne sais quand elle sera publique ; je crains que les *Epîtres* et ce commencement de *Louis XIV*, qui courent, et que mille gens ont, que cette nouvelle édition de ses œuvres qui paroît en Hollande, que tout cela ne fasse une bombe ; je voudrois qu'elle crevât pendant que nous sommes hors de sa portée. Il envoie des *Miscellanées* à Prault. Qu'il vous rende compte de tout, et retirez-lui, je vous prie, l'*Ode sur la Superstition*, dont je tremble : prêchez la sagesse et la tranquillité ; car ce n'est pas le tout d'aller, il faut revenir. Vous nous direz les choses, et j'espère bien vous embrasser à Paris avant de revenir ici.

Le chevalier de Mouhi, avec qui j'ai un petit commerce clandestin, me fait de telles peurs en me représentant sans cesse l'impatience du libraire, qui a chez lui deux différentes éditions du *Mémoire* de M. de Voltaire, que je vous envoie un billet de 300 livres sur mon notaire, à vue. Je vous prie de l'employer à retirer tout ce qui concerne cette malheureuse affaire. Le chevalier vous remettra le tout, et vous paierez le libraire; car je ne me fie à ce chevalier que de bonne sorte; et je ne puis confier cela qu'à vous. Votre ami n'en sait rien, et je ne le lui dirai point; vous en sentez la nécessité. Envoyez chercher le chevalier; faites-lui faire choses et autres; mais retirez tout, et ne nous retirez jamais votre cœur charmant, qui fait la consolation de ma vie. Ecrivez *à l'Impératrice*, à Bruxelles.

LETTRE 51.

1er. juin 1739.

Nous voilà en Flandre, mon cher ami, et je voudrois bien y recevoir de vos nouvelles. Nous ne savons point à quoi en sont nos affaires; mais nous savons bien qu'elles sont en bonnes mains, puisque vous vous en mêlez : vous nous en instruirez sans doute incessamment. Je ne sais combien nous resterons ici ; mais ce que je sais bien, c'est qu'il ne tient qu'à moi de faire traîner cela en longueur, et je me déciderai à revoir mes pénates de Cirey, ou à m'en faire de nouveaux à Bruxelles, selon la tranquillité que nous pourrons espérer en France. C'est à vous à nous en instruire, mon cher ami. Je crains la publicité de ces deux *Epîtres*, qui, étant dans les mains de beaucoup de personnes, ne peuvent manquer d'être publiques incessamment ; je crains qu'il n'en soit de même du commencement de l'*Histoire de Louis XIV*. L'avidité de l'argent et de ses ouvrages est grande ; mais vous m'avouerez qu'il est triste de craindre le malheur de sa vie des mêmes choses qui en devroient faire la gloire. Je voudrois aussi que cette édition des œuvres de Hollande, qui se débite à Francfort, eût fait son entrée à Paris ;

je crains tout de la malignité des hommes ; ainsi, vous voyez que ce seront les affaires de notre ami, bien plus que les miennes, qui décideront de mon séjour ici. J'ai été très-visitée et très-festoyée à Bruxelles, où je n'ai fait que passer : on n'y parle non plus de Rousseau que s'il étoit mort. Tout le monde s'est empressé à festoyer M. de Voltaire. Je suis actuellement à dix lieues de Bruxelles, dans une terre de M. du Chastelet. Je ne sais comment nos affaires iront ; mais elles ne peuvent pas aller mal.

En vous remerciant de votre expédition avec le Mouhi, me voilà en repos de ce côté-là ; car je le crois de bonne foi.

Adieu, mon cher ami : consolez-moi dans mon exil ; vous savez que votre amitié m'est nécessaire partout. Nous avons vu à Valenciennes M. de Sechelles, qui nous a fait les honneurs de la ville avec une galanterie infinie : nous n'avons pu nous dispenser d'y rester quatre jours. Il y avoit force colonels. Nous avons eu bal, ballet et comédie. Il a écrit à M. Hérault, sur M. de Voltaire, d'une façon très-agréable. Il me paroît infiniment aimable. Je pourrois bien, dans l'intervalle de quelques délais, retourner à Valenciennes pendant que M. Hérault y sera : c'est une connoissance très-utile à faire.

Votre ami vous dit les choses les plus tendres : il recommence à travailler à *Mahomet ;* mais n'oubliez pas *Zulime ;* elle feroit à merveille dans les circonstances présentes : son sort est entre vos mains.

LETTRE 52.

Bruxelles, 3 janvier 1741.

JE vous assure, mon cher ami, que depuis que je vous ai quitté, j'ai été bien à plaindre ; car j'ai joint à tout le chagrin de l'absence une inquiétude affreuse sur les risques et les suites d'un voyage toujours très-fatigant (1), mais que les débordemens et la saison avoient rendu très-périlleux. Il a été douze jours sur l'eau, pris dans les glaces de la Haye ici. Je n'ai pu avoir pendant ce temps-là de ses nouvelles, et la tête a pensé m'en tourner. Enfin, il est arrivé se portant assez bien, à une fluxion sur les yeux près. Tous mes maux sont finis, et il me jure bien qu'ils le sont pour toujours.

Le roi de Prusse est bien étonné qu'on le quitte pour aller à Bruxelles. Il a demandé trois jours de plus; votre ami les a refusés. Je crois que ce roi est *plus Alphonse que personne par le cœur*: il ne conçoit pas de certains attachemens; il faut croire qu'il en aimera mieux ses amis. Il n'y a rien qu'il n'ait fait pour retenir le nôtre, et je le crois outré contre moi; mais je le défie de me haïr plus que je ne l'ai haï depuis deux mois. Voilà,

---

(1) M. de Voltaire avoit été voir le roi de Prusse à Berlin.

vous me l'avouerez, une plaisante rivalité.

Votre ami vous écrit; il jure que vous avez dû avoir deux lettres de lui depuis qu'il m'a quittée; mais je crois que, depuis ce temps-là, il n'a rien fait de bien. Je crois que vous aurez bientôt les corrections que vous demandez et bien d'autres. Il craint pour le succès de *Mahomet;* il le croit trop fort pour nos mœurs. Le miracle de la fin et nos petits maîtres sur le théâtre, le font trembler. Il vouloit le faire imprimer, mais ce n'est pas mon avis ; car j'en espère beaucoup à la scène. Il a fait avoir à Thiriot une pension du roi : c'est toujours bien fait de faire le bien ; mais il ne fera que le rendre plus ingrat. Il n'a point d'espérance pour les *bustes :* ce roi ne veut acheter à présent que des canons et des Suisses. Je ne crois pas qu'il y ait une plus grande contradiction que l'invasion de la Silésie et *l'Anti-Machiavel;* mais il peut prendre tant de provinces qu'il voudra, pourvu qu'il ne prenne plus ce qui fait le charme de ma vie.

Je suis véritablement touchée du sort de vos amis ; je les connois et je les aime. Qu'est-ce donc que cette sœur qui les tourmente ? Il faut qu'elle soit bien déraisonnable.

J'ai écrit à Mme. Dussé : je vous prie de dire à M. Dussé combien je m'intéresse à son état. Je lui ai envoyé mon livre (1) ; il sera venu assez mal à propos ; mais je ne prévoyois pas ce triste accident.

Je suis ravie que vous soyez un peu content du style de mon avant-propos, et je désire que vous ayez la patience de lire le reste, et de me mander ce que vous pensez de la *Métaphysique*.

C'est à présent à votre ami à vous envoyer des *Anti-Machiavels* : je crois qu'il n'en a plus. S'il avoit le ballot qui a été confisqué, M. du Chastelet vous le porteroit. Pour le *Charles XII*, il n'est

---

(1) Les *Institutions physiques*.

pas encore imprimé; mais vous l'aurez d'abord.

Dites à Mme. d'Argental combien je suis touchée des marques de son amitié, et combien je la mérite et la désire.

Adieu, mon cher ami. Aimez-moi à présent et toute ma vie; car on ne peut plus se passer de votre amitié quand on en a une fois goûté les charmes.

Mille choses à M. votre frère.

Algaroti est comte. J'espère que nous verrons bientôt Maupertuis duc. L'Algaroti vient à Paris: je crois que ce n'est pas pour y rien faire; mais ce n'est qu'une conjecture.

LETTRE 53.

22 mars 1741.

Mon cher ami, vous ne pouvez me donner aucune marque d'amitié que je ne mérite par mes sentimens pour vous.

Je suis infiniment sensible à l'attention que vous avez eue de m'écrire de vos nouvelles : ce sera une grande joie, quand nous recevrons quelques lignes de votre écriture ; car ce sera signe que vous êtes tout à fait guéri. Cependant ne vous pressez pas de nous donner cette satisfaction ; mais faites-nous savoir, par votre aimable secrétaire (1), les progrès de votre guérison. J'ai gagné, depuis que je vous ai écrit, un incident de mon procès qui tend à l'abréger, mais qui recule pour le présent le plaisir que j'aurois de vous voir ce printemps ; du moins je le crains bien. Je sens à merveille que la circonstance est favorable ; mais vous savez ce que c'est qu'une femme, et qu'il lui faut toujours une raison suffisante et ostensible pour voyager. Je sens que *Mahomet* y perd presque autant que moi : peut-être le temps nous fournira-t-il quelques conjonctures favorables.

J'ai vu dans la *Gazette* la mort de

---

(1) Mme. d'Argental.

Mme. de Mesnières : est-ce la femme de notre ami ? Mandez-le moi, car je veux lui écrire mon compliment ; je crois qu'il n'est pas de condoléance.

M. de Mairan m'a fait l'honneur de m'écrire une lettre que vous aurez vue sans doute. Je voudrois bien savoir un peu ce qu'on en dit dans le monde. Je ne sais encore si je lui répondrai ; mais je sais bien que je suis très-honorée d'avoir un tel adversaire ; *il est beau même d'en tomber*; et cependant j'espère que je ne tomberai pas.

Vous ne pouvez vous figurer combien je suis ravie que vous ayez le courage de lire mon livre, et combien je suis flattée que vous l'entendiez : je vous assure que je le croirois bien mauvais, si vous ne l'entendiez pas.

La façon dont je vis avec celui (1) qui vous a adressé un mémoire contre moi, doit rassurer mes adversaires. On

---

(1) Voltaire, ennemi de la philosophie de Leibnitz, que défendoit Mme. du Chastelet.

ne peut imaginer un plus grand contraste dans les sentimens philosophiques, ni une plus grande conformité dans tous les autres, surtout dans ceux qui nous attachent à vous ; et comme nous ne voulons point séparer ce que l'amour a uni, votre secrétaire sera aussi de moitié, s'il veut bien.

LETTRE 54.

Bruxelles, le 2 mai 1741.

NE me grondez pas, mon cher ami, voici le fait : il a fallu envoyer ma réponse (1) par la poste, et cinq cents exemplaires étoient difficiles à passer. Si j'eusse pris une autre voie, j'aurois essuyé les lenteurs de la chambre syndicale, et la diligence étoit le plus important de ma réponse. Si elle eût tardé,

___
(1) A M. de Mairan, sur *les Forces vives*.

on auroit dit que je l'ai fait faire, et on n'en eût point senti les plaisanteries, parce que la lettre de Mairan, à laquelle elles font toutes allusion, auroit été oubliée. J'ai donc été obligée, pour la faire passer, de me servir de toutes les voies possibles. Or, comme je ne voulois l'envoyer directement à personne, que M. de Mairan ne l'eût eue, il a fallu attendre que M. du Chastelet, à qui j'avois adressé le paquet pour M. de Mairan, et qui ne devoit le remettre que lorsqu'il auroit reçu un assez grand nombre d'exemplaires, pour en donner à toute l'Académie, m'eût mandé que M. de Mairan l'avoit. Voilà ce qui a retardé l'envoi de la vôtre, que j'ai adressée directement à M. votre frère.

Tous mes amis et tous les ministres ont essuyé, par la même raison, le même retardement.

Venons à la lettre elle-même. Mairan est affligé, et cela est tout simple. Il doit l'être d'avoir tort, et d'avoir mêlé du personnel dans une dispute purement littéraire. Ce n'est pas moi qui ai commencé à y mettre des choses piquantes ; il n'y a dans les *Institutions* que des politesses pour lui et des raisons contre son paralogisme ; mais, dans sa lettre, il n'y a que des choses très-piquantes contre moi et aucune raison pour lui. Pouvois-je trop relever le reproche outrageant qu'il me fait de ne l'avoir ni lu ni entendu, et d'avoir transcrit les simples résumés d'un autre ? Y a-t-il rien de plus piquant et en même temps de plus injuste ? J'ai senti toute sa malignité : les discours de Kœnig (1) donnoient de la vraisemblance à ces reproches, et il n'a pas tenu à lui que je n'aie passé pour m'être parée des plumes du paon, comme le geai de la fable. J'ai voulu le percer jusqu'au fond de l'âme, et je crois y avoir réussi. Il a la honte d'avoir mis de la

―――――――――――――

(1) Kœnig, après s'être brouillé avec madame du Chastelet, se vantoit d'être en partie l'auteur des *Institutions physiques*.

P 2

mauvaise foi dans le fait, de l'impolitesse dans la forme, et des paralogismes dans le fond. Il est dans une situation cruelle, je l'avoue, car son silence est un aveu de son tort, et sa réponse ne feroit que montrer sa foiblesse. Il n'aura jamais le dernier; car je ne suis pas secrétaire de l'Académie, mais j'ai raison, et cela vaut tous les titres. Il fera très-mal de ne pas répondre; mais, n'ayant rien de bon à dire, il feroit encore plus mal en répondant. Je suis fâchée pour lui qu'il m'ait imputé des choses si faciles à détruire : je n'ai pas cité ses paroles, c'est-à-dire, je n'ai pas cité toutes ses paroles, car je ne voulois pas transcrire quatorze pages; mais tout ce que j'ai cité comme de lui se trouve, *totidem verbis*, dans son mémoire: je l'ai prouvé à la page 7 de ma lettre; et, si je n'avois craint d'ennuyer les lecteurs, je l'aurois prouvé en détail. Je ne désire aucune grâce de M. de Mairan, ni aucun égard; qu'il réponde avec précision au dilemme que je lui ai fait aux pages 17 et 21 de ma lettre, ou bien qu'il se confesse convaincu d'avoir fait un paralogisme indigne d'un philosophe. Il n'y a pas un troisième parti.

Je vous ai rendu compte de *Mahomet*. Nous l'avons revu deux fois, et il m'a toujours fait le même effet. C'est ce que nous avons au théâtre de plus véritablement tragique. Mon avis seroit que *Lanoue* le jouât à Paris, si le public peut s'accoutumer à sa figure, qui ressemble un peu à celle d'un singe. C'est le meilleur acteur qu'on puisse avoir. Ah! mon cher ami, que je vous ai regretté et désiré! que vous auriez pleuré et que vous auriez eu de plaisir! Nous avons emporté la pièce et les rôles : M. de Voltaire est décidé à ne la point faire imprimer qu'elle n'ait été jouée à Paris. Votre lettre a fait des miracles sur cela, et je vous en remercie.

Je suis véritablement affligée des nouvelles que M. de Valori mande à son frère, à Lille, sur le pauvre Maupertuis. Il n'a point été tué à la bataille;

mais il y a apparence qu'il a été tué par des paysans silésiens.

Voici ce que M. de Valori mande. Maupertuis étoit allé joindre le roi à Brieg, pour prendre congé de lui et lui demander la permission de voyager en Danemarck et en Islande, où il a toujours eu envie d'aller. Quand il a été arrivé à Brieg, les ennemis ont fait une marche pour couper le roi : le roi s'est mis en mouvement de son côté; Maupertuis a été obligé de le suivre ; il n'a pu retourner à Breslaw, dont la communication étoit coupée. Il a donc été à la bataille (1) toujours à côté du roi, qu'il n'a quitté que lorsque le roi a passé de l'aile droite, qu'il commandoit, à l'aile gauche, où commandoit le maréchal Schwerin, et qui commençoit à plier. Le roi seul y a rétabli l'ordre et a ramené son infanterie à la charge. Le pauvre Maupertuis, monté sur un mauvais bidet qu'il avoit acheté la veille, n'a pu suivre le roi; il a été aux bagages pour monter dans les carrosses; des va-

---

(1) De Molwits.

lets qui s'y étoient mis n'ont pas voulu le souffrir; il est resté seul à pied au milieu de la nuit et de la forêt, ne pouvant se faire entendre ni des Prussiens, ni des Autrichiens, ni des Silésiens. On craint que les paysans de la Haute-Silésie, qui sont acharnés par religion contre les Prussiens, ne l'aient canardé; on dit qu'il s'étoit fait faire un habit bleu comme les officiers prussiens; ils l'auront pris pour un officier et l'auront assommé: voilà un triste sort. Cela n'est pourtant que des conjectures, mais elles ne sont que trop vraisemblables. La lettre de M. de Valori est du 19, de Breslaw, et la bataille s'est donnée le 10. Il reste peu d'espérance. Le roi a fait faire toutes les perquisitions imaginables : c'est une vraie perte pour la France et pour l'Académie, et j'en suis bien affligée, ainsi que votre ami.

Camas (1) est mort d'une fièvre ma-

---

(1) Ci-devant ambassadeur de Prusse en Hollande.

ligne à Breslaw. Pour celui-là, je ne m'en soucie guère.

Vous êtes à présent bien à votre aise pour aimer le roi de Prusse ; il s'est comporté comme un Alexandre. M. de Valori n'en parle qu'avec enthousiasme : il mande que M. de Rothembourg a tiré le roi d'un très-grand péril, ce qui fait également honneur à tous deux. Mais ce qui est charmant au roi, c'est qu'il a écrit une grande lettre de sa main à votre ami, moitié prose et moitié vers; elle est du 16. Ceux qui disent qu'ils sont brouillés seroient bien attrapés, s'ils voyoient cette lettre; elle est aussi tendre qu'aucune qu'il en ait reçue; il faudra absolument le *raimer*, s'il continue; car vous m'avouerez que cela est bien aimable six jours après une bataille. Voici comme il s'exprime : *On dit les Autrichiens battus, et je le crois.*

Adieu, mon cher ami. Cette lettre est moitié gazette et moitié *factum* ; mais tout doit vous marquer combien je vous aime tendrement. Faites-en part à nos amis, et surtout à M. votre frère et à Mme. d'Argental.

Votre ami baise vos ailes.

J'apprends dans le moment que Maupertuis est à Vienne. Des paysans silésiens l'ont dépouillé et l'ont laissé dans un bois, où des housards l'ont rencontré et mené au comte de Neiperg, qui, sachant son nom, lui a donné de l'argent et des habits, et l'a envoyé à Vienne avec les autres prisonniers, où l'on est ravi de l'avoir, et où il est fêté comme il le sera partout.

LETTRE 55.

Bruxelles, le 18 mai 1741.

Mon cher ami, j'ai peur de vous faire repentir, par mes nouvelles questions, d'avoir si bien répondu aux premières. Cependant, comme il s'agit de ma fortune et d'un procès où j'ai mis ma gloire, j'espère que vous m'excuserez. Le testament dont il s'agit est fait par-devant notaire, avec toutes les formalités requises, et il est très-sensé. Mais on répond à ce que vous m'avez mandé : *Est-il permis, en France, de prouver la subornation ou la friponnerie du notaire ou des témoins ?* Je crois, moi, que oui. Or, dit-on, *une des raisons qui prouvent qu'un notaire et des témoins sont des fripons, c'est de recevoir le testament d'un homme imbécille. Donc ne peut-on pas prouver cette friponnerie par son effet, c'est-à-dire, en prouvant l'imbécillité ?* Et à cela je ne sais que répondre. Enfin, une telle allégation, *je ne veux pas reconnoître ce testament, parce que le testateur étoit imbécille*, seroit-elle reçue? Et, si on refusoit la permission de la prouver, sur quelles raisons ce refus seroit-il fondé? *Vous dites que le bon sens du testateur est attesté par le notaire et les témoins; mais moi, j'ai des preuves de la fausseté de ce fait qu'ils attestent, et je demande à prouver cette fausseté.* Que répondre à cela ? car voilà notre cas, et nous répondrons suivant ce que vous manderez.

Votre ami, qui n'a point de procès, se charge de vous répondre sur les bontés de M. d'Aumont pour *Lanoue*. Mademoiselle Gaultier est plus jolie que lui, mais je doute qu'on la trouve meilleure; et comme son jeu est à peu près dans le goût de celui de Mlle. Gaussin, elle pourroit bien faire du train.

Le roi de Prusse a encore écrit une lettre charmante à M. de Voltaire, du 2 mai, où il dit beaucoup de bien de monsieur de Bellisle. La nouvelle de Lille est si vraie (1), que nous pensâmes exciter une émeute dans le parterre, parce que nous balancions à accorder la troisième représentation.

M. votre frère est bien aimable : faites-lui mes remercîmens, en attendant que

---

(1) Sur le succès de la représentation de *Mahomet*.

je les lui fasse moi-même; je crains de l'importuner.

Mille choses à l'ange femelle.

LETTRE 56.

Cirey, 12 janvier 1742.

J'AI été bien long-temps sans vous écrire, mon cher ami; mais j'ai cédé ce plaisir à votre ami. Il *mahométise* sans cesse : mais quand aurons-nous un *Mahomet?* Le roi de Prusse se vante d'avoir *Lanoue*; mais je m'en fie à son avarice pour nous le laisser. Cependant il ne seroit pas mal que M. d'Aumont s'en assurât, et j'espère que l'autre ange, votre aimable frère, lui en rafraîchit la mémoire, et lui en fera sentir la nécessité. Non, mon cher ami, nous ne passerons point notre vie à Cirey : il est trop doux de vivre avec vous. Nous en passerons, à ce que j'espère, une partie dans l'*île*, si ce maudit procès peut finir : il va assez bien ici, et j'espère bientôt l'abandonner pour retourner à Paris. Je vais voir auparavant cette pauvre Mme. d'Autrey, dont l'état me touche, et qui désire trop de nous voir pour que je n'aille pas chez elle.

Vous savez que le projet de Mme. de Luxembourg et de Mme. de Boufflers a eu le sort de toutes les parties faites à souper. Si quelque chose me console, c'est que je ne m'en étois pas beaucoup flattée. Mais je suis en peine de la santé de Mme. de Luxembourg : il y a un siècle qu'elle ne m'a écrit.

Je ne perds point de vue le projet de faire jouer *Mahomet* avant de nous en retourner à Bruxelles, si nous avons *Lanoue*, fût-ce à la rentrée ; car je prévois que M. d'Hoensbroech me donnera du temps par ses lenteurs, et je pourrai sans crainte abandonner ce procès dans le train où il est. Je vous assure que ce sera avec grand plaisir, et que je m'en fais un bien sensible de passer quelque temps avec vous, et de jouir d'une amitié qui fait le charme de ma vie.

Dites mille choses pour nous aux deux anges mâle et femelle de l'aimable triumvirat.

LETTRE 57.

Bruxelles, 21 août 1742.

Savez-vous, mon cher ami, qu'il est presque sûr que nous aurons le plaisir de vous voir au mois d'octobre ? Mon procès me mène à Cirey pour cette indigne preuve (1), et cette preuve même me fera passer par Paris, pour trouver les moyens de la repousser, si tant est qu'on trouve un témoin. C'est ma seule ressource, n'ayant pu l'empêcher. Je pardonne à mon procès tous les maux qu'il me fait, puisqu'il me procurera le plaisir de vous voir. Nous ne pourrons

(1) Voyez la lettre 55.

être qu'un moment à Paris, mais, du moins, ce moment nous le passerons avec ous.

Je me fais aussi un grand plaisir de mener votre ami à *Issy*, où j'espère qu'il sera bien reçu.

Ce seroit une belle occasion de donner *Mahomet*. Si vous aviez un acteur, nous le mettrions en train en passant, et on le représenteroit à notre retour ; car je compte que nous serons environ deux mois à Cirey, et que nous repasserons ensuite par Paris.

Je ne puis vous dire le plaisir que je me fais de vous embrasser. Ma grande révision qui se prépare, recule encore ce plaisir de deux mois ; mais c'est beaucoup de l'espérer.

Dites, je vous prie, mille choses pour moi à Mme. d'Argental et à l'autre ange.

Votre ami vous embrasse mille fois.

Pour moi, vous savez que personne au monde ne vous aime plus tendrement.

LETTRE 58.

Bruxelles, 21 septembre 1742.

Mon cher ami, c'est à vous de me rassurer ; car vous savez que vous faites passer dans mon âme les mouvemens de la vôtre, et vos craintes m'en ont donné. Il y a plus d'un mois qu'on dit *Mahomet* imprimé à Meaux ; mais, à moins que ce ne soit Mme de Chimai qui l'y ait fait imprimer, je ne puis deviner qui. M. de Voltaire ne connoît pas un chat à Meaux, et il seroit outré que *Mahomet* fût imprimé en quelque lieu du monde que ce fût.

Si vous apprenez quelque chose de positif, j'espère que vous nous le manderez d'abord : cela est presque impossible ; mais tout peut être ; et une pièce représentée trois fois, qui a été à la police, entre les mains de M. Minet et entre celles des acteurs,

teurs, peut avoir été volée. Je ne puis aujourd'hui vous parler d'autres choses.

Votre ami dit que je suis folle d'avoir sur cela aucune inquiétude. Il vous fait mille amitiés et à Mme. d'Argental, et moi aussi tout simplement.

Nous n'espérons pas vous voir avant la fin d'octobre.

Je suis bien inquiète de l'armée de M. de Maillebois.

LETTRE 59.

Bruxelles, 3 octobre 1742.

Vous me tirez de deux grandes inquiétudes, mon cher ami : la première est celle de *Mahomet*. Je crois que l'espérance de le voir rejoué nous contiendra, et vous avez très-bien fait d'en parler dans votre lettre, quoique je croie que vous ne l'espérez pas plus que moi.

Mon avocat prétend que, si je ne fais

pas juger l'incident du testament avant mon départ, je serai forcée de revenir ici. Il faudroit donc passer ma vie à aller de Paris à Bruxelles, ce qui seroit triste et cher. Si je puis espérer de le voir juger avant le 15 de novembre, je resterai et retarderai le mariage de ma fille ; mais si je vois que cela est impossible, je partirai d'abord. Voilà, mon cher ami, ma triste situation.

On dit à tout moment ici qu'il y a eu des affaires, et cela ne peut pas tarder; mais je saurai les détails bien tard, car je ne pourrai les apprendre que de France. Tout se prépare ici à la guerre ; mais cela ne fera rien à mon procès, car ce ne sera pas la reine (de Hongrie) qui déclarera la guerre à la France, mais l'Angleterre ; ainsi la reine fera la guerre sous le nom de l'Angleterre, comme nous sous le nom de l'empereur. Les Hessois et les Hanovriens arrivent à force : on a envoyé les passe-ports pour les équipages du roi d'Angleterre, et on ne doute point du siége de Dunkerque. Je crois que vous voyez tout cela avec autant de chagrin que moi. La société et les arts n'ont qu'à perdre par la guerre, et je ne crois pas que nous gagnions beaucoup à celle-ci, si ce n'est de la gloire pourtant ; car le siége de Prague nous fait grand honneur.

Adieu, mon cher ami. Nous disons des choses bien tendres à Mme. d'Argental, et nous vous embrassons mille fois.

LETTRE 60.

Bruxelles, 10 octobre 1742.

JE ne vous ai pas encore écrit, mon cher ami, pour vous marquer ma joie de voir M. votre oncle (1) dans le conseil ; mais j'espère que vous n'en doutez pas, et que vous êtes bien persuadé du vif intérêt que ma tendre amitié me fera toujours

(1) Le cardinal Tencin.

prendre à tout ce qui vous est agréable. Je vous crois à Paris depuis plusieurs jours, et j'en fais mon compliment à madame d'Argental et à vous.

Pour moi, je suis ici dans les horreurs de la procédure, travaillant beaucoup et n'avançant guère. Je ne crois pas que je puisse voir la fin de mon incident pendant le temps que je puis rester ici, et je vous avoue que je m'en désole.

Vous savez que votre ami a été voir le roi de Prusse. Il n'a point abusé de sa liberté, car il est parti le lundi, et il est revenu le samedi. Le roi lui a fait d'aussi beaux présens que les autres fois, et je m'y attendois bien.

Adieu, mon cher ami. J'ai bien envie de me retrouver avec vous : je crois que vous n'en doutez pas.

Mille choses tendres, je vous prie, à Mme. d'Argental.

LETTRE 61.

Bruxelles, 15 octobre 1742.

Mon cher ami, je veux vous répondre aujourd'hui pour vous remercier de vos bontés, et de ce que vous ne voulez pas que je sois au désespoir d'être à Paris, ce qui m'arriveroit certainement, si je m'y trouvois sans vous. Je compte que je partirai les premiers jours de novembre : les fêtes ne m'arrêteront pas, ni même la perte de ma révision, que je devrois croire imperdable, mais pour laquelle je crains toujours.

Mon Dieu ! que je vous crois fâché de ce pauvre M. de Plymont, et qu'il me semble que c'est dommage ! On m'a mandé qu'il avoit eu toutes les *angoisses* de ce triste pas, et cela a redoublé mon chagrin.

Voulez-vous savoir une singuliére nouvelle? Le roi de Prusse a écrit à M. de Voltaire, pour le prier de se rendre à Berlin à la fin de novembre ou au commencement de décembre : il a refusé ; mais je vous assure qu'il ne m'a pas paru avoir le mérite du sacrifice. On doit avoir fait à M. de Maupertuis les mêmes propositions : il n'a pas les mêmes liens que votre ami ; mais je crois qu'il a contre le roi des sujets de mécontentement que votre ami n'a pas, et je serai fort trompée, s'il y retourne ; j'espère du moins le voir à Paris auparavant.

Ce projet de rassembler les beaux-arts à Berlin me paroît sentir la paix ; on s'en flatte ici ; mais on a coutume d'y avoir de mauvaises nouvelles.

Ne seroit-il pas charmant de mettre *Mahomet* en train à notre passage, et de le trouver à notre retour ? car je ne serai à Cirey que le temps de la preuve. Je serai votre voisine à Paris ; madame d'Antray me fait le plaisir de m'y prêter sa maison.

Adieu, mon cher ami. Que le triumvirat (1) nous aime toujours et soit bien sûr de notre éternelle amitié.

LETTRE 62.

Bruxelles, 18 octobre 1742.

VOTRE ami a été un peu malade, et vous savez que, quand il est malade, il ne peut faire que des vers. Il s'est mis à raccommoder *Zulime*, et je crois que cela fait à présent une bonne pièce : nous nous faisons un plaisir de vous la porter.

J'ai pris mon parti de ne me plus flatter de finir mon incident et de le laisser terminer sans moi ; car cela me meneroit en 43, et je veux commencer

---

(1) M. et Mme. d'Argental, et M. de Pont-de-Vesle.

mon année avec vous ; ainsi je crois que je vous tiendrai ma parole pour la fin de ce mois, et je vous remercie bien, madame d'Argental et vous, de ne me l'avoir pas rendue.

Nous avons ignoré la maladie de M. de Solar. Voulez-vous bien, mon cher ami, vous charger de lui marquer combien nous nous y intéressons, et combien j'ai été aise d'apprendre sa convalescence en même temps que son danger ?

Adieu, mon cher ami. Je me fais un plaisir indicible de me dédommager de tout l'ennui de Bruxelles et des procès, par le plaisir de vivre avec Mme. d'Argental et avec vous.

LETTRE 63.

Cirey, 21 octobre 1742.

Nous voilà enfin, mon cher ami, dans ce Cirey que nous aimons tant, et où je passerois volontiers ma vie. Il ne nous y manque que le plaisir de vous y voir ; mais je me flatte qu'il ne nous manquera pas long-temps, et que vous vous ressouviendrez de la partie qui s'est faite chez Mme. de Luxembourg.

Nous sommes partis le lundi à deux heures après-midi ; nous nous sommes reposés à Nogent, et nous sommes arrivés ici le mardi à dix heures du soir. Vous voyez que ce n'est pas un voyage. Vous aurez une chambre bien chaude, et vous serez bien choyé. Enfin, j'y compte, et je serois très-fâchée, si mes espérances étoient trompées.

Votre ami raccommode *Mahomet* à

force. Il faudroit faire le possible et l'impossible pour qu'il soit joué avant notre retour ; cela dépendroit de M. d'Aumont, s'il vouloit faire venir Lanoue ; et il aura Lanoue, s'il le veut bien. L'ambassadeur turc sera parti, et rien ne s'y opposera. Il est bien difficile que l'ouvrage soit bien joué sans que votre ami exerce les acteurs ; et, si nous retournons une fois à Bruxelles, c'en sera pour deux ans au moins.

LETTRE 64 (1).

Lille, 10 octobre 1743.

JE me hâte, mon cher ami, de vous apprendre que je viens enfin de recevoir une lettre ; elle est du 28 (2), et elle

---

(1) Il y a ici une lacune d'un an.

(2) M. de Voltaire étoit alors en Franconie à la suite du roi de Prusse, chargé auprès de ce

a quatre lignes. Il est clair, par cette lettre, qu'il a été quinze jours sans m'écrire. Il ne me parle point de son retour. Que de choses à lui reprocher! et que son cœur est loin du mien! Mais, puisqu'il se porte bien, je n'ai plus de reproches à lui faire, et je suis trop heureuse. Je vais aller à Bruxelles dès qu'une petite fièvre que j'ai sera passée; je l'y attendrai, et je reviendrai avec lui. J'y ai effectivement affaire. Mon rapporteur est tombé en apoplexie, et le choix d'un autre rapporteur est une chose qui mérite attention, mais qui ne sera pas longue. J'ai fait prier notre ami, le chevalier de Mouhi, de mettre cette cause de mon départ dans ses nouvelles à la main. J'ai écrit à toutes les personnes de ma

---

prince d'une espèce de négociation diplomatique, dont il rend compte à M. Amelot, ministre des affaires étrangères, dans les lettres 228, 229, etc., de la *Correspondance générale*, édition de Kehl.

connoissance ce sujet de mon départ, et j'ai annoncé mon retour avant la fin du mois.

Dites ma résurrection à Mme. d'Argental : je compte bien sur vous, sur elle et sur votre aimable frère, pour représenter à M. de Voltaire combien il seroit barbare à lui de m'exposer encore à de pareilles épreuves. Il m'en a pensé coûter la vie, et il m'en coûtera sûrement ma santé : je sens que de pareilles épreuves l'altèrent sensiblement ; mais, si je le revois, tous mes maux seront guéris.

Adieu, mon cher ami. Ecrivez-moi à Bruxelles, sur la place de Louvain, et comptez sur l'amitié d'un cœur qui n'a jamais su changer.

LETTRE 65.

Bruxelles, 15 octobre 1743.

NE m'accusez point, mon cher ami, de vous avoir fait mystère du parti que j'ai pris (1) : vous n'étiez point à Paris; si vous y aviez été, j'aurois été trop heureuse. J'en suis partie le vendredi à neuf heures du soir, et M. de Mesnières me dit le jeudi au soir que vous ne reveniez que le samedi.

J'ai enfin, comme je vous l'ai dit, reçu un billet de M. de Voltaire, car cela ne peut pas s'appeler une lettre : tout ce que j'ai éprouvé, tout ce qui s'est passé dans mon âme depuis que je vous ai

---

(1) Il paroit que Mme. du Chastelet, dans l'inquiétude dont elle étoit tourmentée, étoit venue à Paris *incognito*.

écrit, ne peut pas s'exprimer. J'ai été pendant huit jours dans le plus violent désespoir : je ne doutois presque plus du malheur que je craignois, et je ne sais pas comment je n'en suis pas morte. Enfin, au bout de ce temps, je reçois ces quatre mots de M. de Voltaire, datés du 28 septembre, en passant à Hall. C'est la seule lettre que j'aie reçue de lui depuis le 14 septembre. Dans le moment que je l'ai reçue, vous sentez bien que je n'ai senti que le plaisir de savoir qu'il se portoit bien ; mais la suite m'a fait faire des réflexions bien cruelles : je crois qu'il est impossible d'aimer plus tendrement et d'être plus malheureuse. Imaginez-vous que, dans le temps que M. de Voltaire pouvoit et devoit partir pour revenir ici, après m'avoir juré mille fois dans ses lettres qu'il ne seroit pas à Berlin plus long-temps qu'en 1740 (et il y fut dix jours), dans ce temps-là il va à Bareith, où assurément il n'avoit que faire ; il y passe quinze jours sans le roi de Prusse et sans m'écrire une seule ligne ; il s'en retourne à Berlin, et y passe encore quinze jours ; et que sais-je ? peut-être y passera-t-il toute sa vie, et, en vérité, je le croirois, si je ne savois pas qu'il a des affaires qui le rappellent indispensablement à Paris. Il m'écrit donc quatre lignes en passant, dans un cabaret, sans m'expliquer les raisons de son séjour à Bareith, ni celles de son silence, sans me parler de son retour, ni de son nouveau séjour à Berlin. Enfin, il m'écrit un billet tel qu'il m'en écriroit un de sa chambre à la mienne, et voilà la seule chose que j'aie reçue de lui depuis le 14 septembre, c'est-à-dire, depuis plus d'un mois.

Concevez-vous que quelqu'un qui me connoît m'expose à cette douleur, et à toutes les imprudences dont il sait bien que je suis capable, quand je suis inquiète de lui : vous savez ce qu'il m'en a coûté ; j'ai pensé réellement en mourir, et j'en ai encore une petite fièvre lente qui se marque en double tierce et qui me prépare un bien triste hiver. C'est un miracle que je n'aie pas passé Lille dans l'excès de mon inquiétude et de ma douleur ; je ne sais où j'aurois pu aller ; la fièvre m'en a préservée ; mais je ne vous cache point que mon cœur est ulcéré, et que je suis pénétrée de la plus vive douleur. Avoir à me plaindre de lui, est une sorte de supplice que je ne connoissois pas. J'ai éprouvé à la vérité une situation plus cruelle, celle de trembler pour sa vie ; mais je pouvois espérer que mes craintes étoient chimériques, et il n'y a point de ressource à ses procédés pour moi. Je sais par une lettre du 4 octobre que M. de Podevils a reçue de lui, et qu'il m'a envoyée de la Haye, qu'il comptoit partir de Berlin le 11 ou le 12 ; mais ce n'étoit pas un projet arrêté ; et quelque opéra ou quelque comédie pourra bien le déranger. Il est singulier que je reçoive ses nouvelles par les ministres étrangers et par les gazettes : cependant je suis ici, où je fais semblant d'avoir affaire ; mais mon esprit n'en est pas capable :

pable : heureusement qu'il n'a pas de quoi s'exercer.

Je l'attendrai, s'il revient ce mois-ci; mais, si son retour se retardoit, comme rien n'est plus possible, je retournerai chercher auprès de vous une consolation dont je suis bien incapable, et je compte aller ensevelir cet hiver mes chagrins à Cirey.

M. de Podevils m'a rendu le service d'empêcher mon courrier de passer la Haye.

Je suis bien fâchée que Mme. d'Argental soit incommodée : il est juste cependant qu'elle ait quelque petit malheur, pour compenser le bonheur qu'elle a d'être aimée par un cœur comme le vôtre.

Ne montrez cette lettre à personne; je sens une triste consolation à vous ouvrir mon cœur : le temps ni les torts ne font rien sur moi, et je vois bien, par ce que j'éprouve, que la source de mes chagrins est intarissable.

R

Dites quelque chose pour moi à monsieur votre frère. Je vous rapporterai la lettre que vous m'avez envoyée : personne ne sent mieux que moi combien tout ce qui vient de lui est précieux.

Adieu, mon cher ami. Plaignez-moi, aimez-moi et écrivez-moi : je suis, je vous assure, bien malheureuse.

LETTRE 66.

Bruxelles, 22 octobre 1743.

Je n'ai reçu qu'hier 21, mon cher ami, votre lettre du 12. Le paquet qui la contenoit a couru toute la France avant de m'arriver. Assurément, j'aurois été bien fâchée de la perdre. Si quelque chose étoit capable d'adoucir les chagrins où le cœur souffre, ce seroit cette lettre charmante. Le mien est bien malheureux : je ne reconnois plus celui d'où dépend et mon mal et mon bien, ni dans ses lettres, ni dans ses démarches. Il est ivre absolument. Je sais enfin, par l'envoyé de Prusse à la Haye, qu'il est parti de Berlin le 12; il doit passer par Brunswick; car il est fou des cours et d'Allemagne. Enfin, il met douze jours à revenir de Berlin à la Haye, et il n'en a mis que neuf à y aller. Je sens bien que trois jours, dans une autre situation, ne devroient pas être reprochés; mais quand vous songerez qu'il a fait durer cinq mois une absence qui devoit être au plus de six semaines; qu'il est resté quinze jours à Bareith sans le roi de Prusse; qu'il a passé, à son retour, quinze jours de plus à Berlin; qu'il a été trois semaines entières sans m'écrire, et que, depuis deux mois, j'apprends ses desseins et ses démarches par les ambassadeurs et par les gazettes, vous sentirez aisément combien je suis à plaindre. Tout ce que j'ai éprouvé depuis un mois détacheroit peut-être tout autre que moi; mais, s'il peut me rendre malheureuse, il ne peut diminuer ma sensibilité. Je sens que je ne serai jamais raisonnable ; je ne le voudrois pas même, quand il ne tiendroit qu'à moi ; et, malgré tout ce que je souffre, je suis bien persuadée que celui qui aime le mieux est encore le plus heureux.

Je vous demande en grâce d'écrire à votre ami : votre lettre lui fera sûrement une grande impression ; et, sans elle, il ne croira peut-être jamais l'état où il m'a mis. Son cœur a bien à réparer avec moi, s'il est encore digne du mien. Je suis sans doute bien à plaindre d'avoir besoin de votre secours ; mais je vous aime tant, que mon bonheur m'en sera encore plus cher, s'il est possible, si je puis vous en devoir le retour. Ecrivez-lui à la Haye ; vraisemblablement il y recevra votre lettre ; car il ne manquera pas de prétexte pour s'y arrêter, et il me semble qu'il n'en néglige aucun pour prolonger son absence ; mais quand il ne la recevroit pas à la Haye, on la lui renverra ici ; et, quelque part où il la reçoive, elle lui fera sûrement un grand effet.

Je ne vous nierai point que ma santé ne soit fort délabrée : je tousse continuellement ; j'ai un mal affreux entre les deux épaules, et j'ai, de plus, une douleur fixe au côté droit, je crois au foie, et qui ne me quitte point. Je ne suis pas à présent assez heureuse pour être fort affectée de mon état ; cependant je vous avoue que je voudrois être à Paris. Ma fièvre est pourtant diminuée, et ce n'est presque plus rien : une autre que moi en seroit morte, et peut-être seroit-ce encore le meilleur ; mais votre amitié m'attache à la vie.

Dites bien, je vous supplie, à madame d'Argental, combien je suis sensible à l'intérêt qu'elle a pris à ma situation : je voudrois bien la savoir guérie et contente.

Dites aussi bien des choses pour moi à M. votre frère.

J'espère vous revoir au commencement du mois prochain; mais vous savez de qui cela dépend.

J'espère que mon voyage ne sera pas inutile à mes affaires, et qu'il me sauvera un autre procès.

Adieu, mon cher ami. Ecrivez-moi encore une fois, et soyez bien sûr que votre amitié fait la consolation de ma vie.

LETTRE 67.

21 décembre 1743.

CHARMANT ami, j'ai reçu une lettre du 8. On se porte bien; on travaille trop; on n'avoit point encore reçu votre lettre; on est malheureux, mais on espère en vous. Il en est de même à Cirey; et, quelque loin que nous soyons l'un de l'autre, nos deux âmes vous seront toujours également attachées.

Cette lettre, qui m'apporte la consolation, me donne aussi bien des inquiétudes : je vous en parle par une autre voie.

J'ai un frère abbé que j'aime tendrement : je suis à portée de lui procurer un petit avantage par le moyen de vos bontés. Vous devez, dit-il, acheter une charge de président; elle vous donnera un indult. Il veut que je vous le demande pour lui. Si vous n'avez point d'engagemens, je suis bien sûre que je vous aurai encore cette obligation ; et si vous en avez disposé, je vous en aurai encore tout autant. Je n'ai pu refuser à mon frère de vous faire cette demande ; mais vous, vous pouvez très-bien me refuser.

Adieu, consolateur et conservateur de ma vie.

LETTRE 68.

2 janvier 1744.

Mon cher ami, on ne m'a point montré la dernière lettre qu'on vous a écrite; je crois que c'est de peur que je ne réfutasse sa justification; mais, en récompense, on m'a montré la vôtre, et je vous en remercie mille fois.

Je ne puis trouver que quelqu'un qui est de retour et en bonne santé ait tort; mais il ne peut avoir entièrement raison que par la résolution où il est de ne plus voyager. Je compte bien qu'il vous l'a promis dans sa lettre comme à moi; et ce seroit un double sacrilége, que de violer une promesse dont vous êtes le dépositaire.

Thiriot veut se remparer de lui, et j'en serois bien fâchée. Vous savez qu'il lui a fait donner une pension par le roi de Prusse, qui, entre nous, n'en avoit pas trop d'envie, et cela a renoué le commerce. Thiriot qui est, je crois, un peu embarrassé de sa figure depuis qu'il n'est plus chez la Poplinière, se retourne du côté de votre ami, dont il a besoin, et voudroit, je crois, qu'il lui avançât la pension. Il lui donne des avis vrais ou faux pour se rendre nécessaire; il prétend, par exemple, que l'on fait clandestinement, à Paris, une édition en six volumes *in*-12 de ses ouvrages sur l'édition *in*-8°. de Hollande, que vous avez. Je crois ou que cela n'est pas vrai, ou que c'est Thiriot qui la fait faire pour gagner de l'argent ; et, en lui donnant cet avis, il veut apparemment l'engager à s'en mêler, ce qui seroit fort mal; car cette édition, si elle existe, ne peut lui faire tort qu'en cas qu'il s'en mêle. En tout, j'aimerois mieux qu'il n'y en eût pas, vous sentez pourquoi. Il dit qu'il pense ainsi; mais je crains son tripotage avec Thiriot; et vous me ferez plaisir, dans l'occasion, de mettre un mot dans vos lettres de la défiance qu'il en doit avoir : vous savez si elle est fondée.

Avez-vous vu l'*Algaroti?* J'espère que vous nous manderez un peu ce qu'il dit de Berlin, et si Maupertuis revient, comme la gazette l'assure, et comme je ne le crois pas.

J'ai trouvé une édition de *Charles XII* en deux volumes, que je crois que vous n'avez pas, et que je vous enverrai par M. de Beauveau, que nous attendons tous les jours. Je le crois arrêté de Hollande ici par les glaces.

Adieu, mon cher ami. Aimez-nous toujours et Mme. d'Argental aussi; car nous vous aimons l'un et l'autre bien tendrement.

Je trouve encore bien des choses à refaire à *Mahomet;* il y travaille tous les jours. Comptez-vous le donner cette année?

LETTRE 69.

Cirey, 18 avril 1744.

Mon cher ami, mon compagnon dit qu'il vous écrira une grande lettre la première poste. Je veux le gagner de vitesse, et avoir du moins le mérite de la diligence.

Je suis enfin dans le charmant Cirey, qui est plus charmant que jamais. Votre ami me paroît enchanté d'y être. Nous le quitterons pourtant au mois de septembre pour M. le dauphin, pour qui on travaille, et pour qui il me semble que l'on fait des choses charmantes.

Dites pour nous des choses bien tendres à Mme. d'Argental et à votre aimable frère. Aimez-nous toujours, cher ange : donnez-nous de vos nouvelles, et comptez à jamais sur l'amitié de deux cœurs qui vous sont dévoués pour toujours.

LETTRE 70.

Cirey, 8 juillet 1744.

Nous avons eu hier le président (1) toute la journée, mon cher ami : vous vous doutez bien que nous avons été ravis de le voir et de causer avec lui de ce ballet (2).

Votre ami a travaillé jour et nuit jusqu'à son arrivée; et effectivement moi, qui ne connoissois sa pièce que sous la forme que vous avez vue en dernier lieu, j'en ai été étonnée : je n'ai pas reconnu le troisième acte; je l'ai trouvé admirable (3). Le président et moi nous avons pleuré. Je crois qu'il n'y a plus

---

(1) Le président Hénault.

(2) Le ballet des *Chimères*.

(3) La *Princesse de Navarre*, opéra pour les fêtes de la cour.

que des détails à embellir, mais que le fond de la pièce est très-bien. Sanchette est devenue excellente et d'un plaisant très-neuf.

On transcrit la pièce, et vous l'aurez incessamment.

A l'égard des divertissemens, il y travaille encore; et il vous prie de retirer de Rameau celui qu'on lui a donné, jusqu'à ce qu'il soit entièrement fini, parce que le président lui a dit que Rameau le traînoit dans le ruisseau et le montroit à tout le monde; et vous sentez que cela peut faire grand tort à la pièce. Il a écrit à M. de Voltaire la même lettre qu'à vous, d'où je conclus qu'il est fou ; mais, pourvu qu'il nous fasse de bonne musique, à lui permis d'extravaguer.

Le président m'a paru très-content de Cirey; il doit y revenir passer sept ou huit jours entre ces deux saisons. Je compte que, lorsqu'il repartira pour Plombières, nous partirons pour Paris, afin d'aller préparer des répétitions à M. de Richelieu.

Je vous avoue que j'ai eu un grand plaisir à montrer ma maison au président, et que j'ai bien joui de l'étonnement qu'elle lui a causé; mais je quitterai tout cela avec plaisir pour vous aller revoir.

Dites, je vous prie, des choses bien tendres pour moi à Mme. d'Argental et à M. de Pont-de-Vesle.

Votre ami vous embrasse mille fois.

Voulez-vous bien, madame d'Argental, que j'en fasse autant?

M. de Voltaire a la fièvre à force d'avoir travaillé: il vous écrira la première poste; car j'espère que ce ne sera rien.

Voilà un petit mot que mon malade, qui souffre beaucoup, a dicté pour son ange.

La fièvre a fort augmenté ce soir, et je suis très-inquiète et très-malheureuse.

LETTRE 71.

10 juillet 1744.

Vous recevrez par cette poste, mon cher ami, la pièce de votre ami. Je vous demande en grâce, si vous avez de l'amitié pour moi, de l'approuver cette fois-ci, et de garder les critiques pour un autre temps. Je vous promets de faire faire toutes les corrections que vous voudrez ; mais, si vous allez paroître encore mécontent et l'accabler de critiques, vous le ferez mourir. Sa santé est dans un état affreux ; il s'est chagriné, il s'est inquiété, il s'est forcé de travail et s'est donné la fièvre, et il est dans une langueur affreuse ; il se trouve mal à tout moment ; il ne mange point ; il ne dort point ; enfin, il est plus mal que quand il avoit la fièvre, et il est d'un changement affreux. Si, dans cet état, vous allez lui donner de nouvelles besognes et de nouvelles craintes sur son travail, vous le ferez mourir, et moi aussi, par conséquent. Il prend les choses si vivement ! vous le savez bien.

Tâchez surtout que votre rapport à M. de Richelieu soit favorable et qu'il accepte la pièce : il embellira encore les détails, quand il sera sûr qu'on la prendra. Mais comment voulez-vous qu'on mette la dernière main à un ouvrage qu'on n'est pas sûr de conserver ? Pour moi, tout intérêt à part, j'en suis très-contente, et je crois que vous le devez être ; mais, je vous en supplie, que votre amitié vous engage à le paroître et à écrire à M. de Richelieu, comme a fait le président, qui a été très-content.

Je demande la même grâce à M. de Pont-de-Vesle et à Mme. d'Argental.

Adieu, mon cher ami ; je vous embrasse tendrement.

Je suis très-inquiète de votre ami et très à plaindre.

LETTRE 72.

28 juillet 1744.

En vous remerciant de tout mon cœur, mon cher ami, de la lettre que vous venez d'écrire à M. de Voltaire; elle a achevé sa guérison.

M. de Richelieu paroît fort content d'avance du compte que lui a rendu le président. J'espère que la pièce court après lui.

A présent, si vous avez quelques corrections à demander, vous pouvez dire: peut-être cependant pourriez-vous attendre notre retour, qui sera, comme je compte, pour le commencement de septembre.

Nous aurons encore une apparition du président.

Le roi vient de nous rassurer contre les housards.

Cirey est délicieux; mais nous le quitterons pour vous.

Adieu, mon cher ami. Dites des choses bien tendres pour nous à Mme. d'Argental; faites-la souvenir qu'elle nous avoit quelquefois promis des rabachages. Ne nous oubliez pas auprès de M. de Pont-de-Vesle, et surtout auprès de vous, que nous aimons bien tendrement.

LETTRE 73.

Nanci, 19 juin 1748.

Eh bien! mon cher ami, mandez-moi donc comment vous vous portez de votre voyage; comment Mme. d'Argental s'en trouve, si vous avez fait usage de l'hospitalière Mme. de Verpillac; si vous en êtes bien amoureux; si les eaux vous font bien, si Plombières est bien brillant.

Vous avez là deux hommes que j'aime

beaucoup, et qui sont fort aimables, M. de Croix et le vicomte de Rohan: les voyez-vous quelquefois?

Nous allons nous rapprocher de vous; nous allons à Commercy, M. de Voltaire et moi. J'espère que nous y serons le premier juillet : je serai à portée de vous aller recevoir à Cirey au mois d'août, et ce sera un grand plaisir pour moi.

Notre voyage de Commercy est indispensable : le roi de Pologne le désire, et je lui dois trop pour ne lui pas donner cette marque d'attachement.

Mais *Sémiramis?* Je trouve que vous vous pressez beaucoup. J'espère que vous la ferez retarder : il est indispensable que M. de Voltaire assiste aux répétitions; vous le sentez sûrement, et je sens bien, moi, que je n'ai rien à vous dire sur les précautions à prendre pour assurer son succès.

Adieu, mon cher ami. Dites mille choses pour moi à Mme. d'Argental.

Le roi a déclaré qu'il demanderoit le *grand-prieuré.* Les uns le donnent au prince d'Est, et les autres à M. le comte de Clermont.

Votre ami vous a écrit et vous adore, et, pour moi, vous savez qu'il ne s'en faut guère.

LETTRE 74.

Lunéville, 20 août 1748.

Enfin, mon cher ami, Dieu n'a pas voulu que je jouisse du plaisir de vous recevoir à Cirey avec Mme. d'Argental. Je vous assure que ç'a été une grande privation pour moi. Le plaisir de jouer le *Sylphe* et une très-jolie comédie ne m'en a point consolé, surtout quand j'ai pensé que Mme. d'Argental et vous, vous auriez pu être témoins de tout cela, et que c'est sa santé qui vous en a empêché.

Je suis en peine aussi de la santé de M. de Pont-de-Vesle: je vous supplie de m'en donner des nouvelles, et de lui marquer l'intérêt que j'y prends.

Nous sommes dans l'attente du succès de *Sémiramis*; car je ne puis me persuader qu'elle trompe nos espérances, et nous nous flattons bien que vous ne nous laisserez pas ignorer nos triomphes.

Votre ami compte en aller jouir, et surtout du plaisir de vous voir, avec le roi de Pologne, quand il ira à Trianon ; mais j'espère bien que vous ne le garderez que le temps du voyage du roi. Il doit être plus que jamais attaché à ce pays-ci; car le roi de Pologne lui a donné les distinctions les plus flatteuses, et qu'il n'accorde que très-difficilement.

Adieu, mon cher ami. Aimez - nous, écrivez-nous, donnez-nous des nouvelles de la santé de Mme. d'Argental, et dites-lui combien nous l'aimons et vous aussi.

LETTRE 75.

Commercy, 30 juillet 1748.

QUE dites-vous de moi, mon cher ami, qui meurs d'envie de vous écrire depuis que je suis ici, et qui n'ai pas encore pu en trouver le moment? On a de tout ici, hors du temps. Il est vrai que les vingt-quatre heures ne sont pas trop pour répéter deux ou trois opéras et autant de comédies.

Je suis transportée de joie de ce que le roi fait pour *Sémiramis*.

Je vous assure que votre petit abbé (1) est un garçon charmant.

Enfin, *Sémiramis* sera donc jouée sans votre ami et sans vous. A la manière dont il m'a rendu compte de la dernière répétition, où il m'empêcha inhumaine-

---

(1) L'abbé Chauvelin, qui aimoit beaucoup la comédie, et avoit pris un grand intérêt au succès de *Sémiramis*.

ment d'aller, elle sera très-bien jouée. Il ne veut pas absolument assister à la représentation; car, quoique je ne pusse l'y suivre, je lui ai laissé sur cela toute liberté. Il aime mieux vous recevoir à Cirey à votre passage, et moi, j'y trouve bien mieux mon compte. Y viendrez-vous, mon cher ami ? Vous ne pouvez douter que je ne le désire : ce sera un grand plaisir pour moi de passer quelques jours avec madame d'Argental et vous, et de jouir de Cirey avec les deux personnes du monde avec lesquelles j'aime le mieux à jouir de tout. Il n'y a que dix-sept lieues d'ici; ainsi il me sera fort aisé de m'y trouver pour vous recevoir.

J'ai laissé à votre ami le soin d'arranger cela avec vous; mais je ne veux pas céder à personne de vous dire le plaisir que je me fais de vous y voir.

J'aurois bien une autre proposition à vous faire, ce seroit de passer par ici : c'est le plus beau lieu du monde; il n'y a aucune étiquette, parce que cela est réputé campagne.

Le roi de Pologne est très-aimable et d'une bonté qui enchante.

Mme. de Boufflers m'a chargé de vous mander, et à Mme. d'Argental, qu'elle en seroit charmée. Jugez si je le serois; car je vous remenerois ensuite jusqu'à Cirey.

Vous seriez trop aimables l'un et l'autre, si vous pouvez faire cet effort : je vous assure que vous ne vous en repentiriez pas.

Je ne puis me refuser de vous envoyer des vers d'un homme de notre société (Saint-Lambert), que vous connoissez déjà par l'*Epître à Chloé*. Je suis persuadée qu'ils vous plairont. Il meurt d'envie de faire connoissance avec vous, et il en est très-digne. Je compte bien vous l'amener à Cirey. Votre ami, qui l'aime beaucoup, veut lui faire avoir ses entrées à la comédie pour *Sémiramis*, et, assurément, je ne crois pas que les comédiens y répugnent, vu tout ce qu'il leur procure. Je vous demande cependant votre protection pour cette affaire :

c'est un homme de condition de ce pays-ci, mais qui n'est pas riche, qui meurt d'envie d'aller à Paris, et à qui ses entrées à la comédie feront une grande différence dans sa dépense. J'en veux laisser le mérite à votre ami. Ainsi, je vous prie de ne lui point dire que je vous en aie écrit.

Adieu, mon cher ami.

Cette lettre vous est commune avec Mme. d'Argental, ainsi que le tendre attachement que je vous ai voué pour ma vie.

Notre petit poëte vous prie de ne point donner à Plombières de copies de ses vers, parce qu'il y a beaucoup de lieutenans-colonels lorrains.

LETTRE 76.

Plombières, 5 septembre 1748.

En vous remerciant, mon cher ami, de la bonne nouvelle que vous m'apprenez (1), je la savois déjà en gros ; on l'avoit mandée à M. de Thiars ici; mais j'avois besoin des détails.

Je me suis bien doutée que Lanoue feroit tomber son rôle ; il a en mauvaise volonté, ce qui lui manque en talent. La nécessité dont je vois qu'étoit la présence de M. de Voltaire pour faire répéter les acteurs et leur donner une nouvelle chaleur, m'aide à souffrir son absence ; mais je vous avoue que rien ne me feroit supporter qu'il restât plus long-temps que le roi de Pologne; et j'espère, mon cher ami, que vous me le renverrez.

(1) Le succès de *Sémiramis*.

Admirez la contrariété de ma destinée ! me voilà à Plombières, et vous n'y êtes plus. Il ne me faudroit pas moins cependant que le plaisir de vous voir, pour me faire supporter cet infernal séjour. J'espère le quitter demain. J'y ai passé dix jours, et je comptois en passer quatre; mais M. de B. a été un peu malade, et cela m'a retenu.

Je plains bien Mme. d'Argental d'être obligée d'y revenir; mais nous nous arrangerons à l'avance pour vous voir à Cirey, sans quoi j'y ferai mettre le feu.

J'ai eu une lettre de M. de Voltaire sur la seconde représentation, dont il me paroît content.

Adieu, mon cher ami. Buvez à ma santé avec celui que nous aimons, et priez Mme. d'Argental de se mettre en tiers.

Mille choses, je vous supplie, à M. de Pont-de-Vesle.

J'espère que vous me garderez *Sémiramis* pour cet hiver.

Demandez un peu à l'abbé Chauvelin pourquoi il ne m'a pas répondu. On me traite ordinairement mieux que cela dans sa famille.

LETTRE 77.

Lunéville, 17 octobre 1748.

Mon cher ami, M. de Voltaire vous a instruit des raisons qu'il a cru avoir de rester ici. Je vous jure que je n'y ai nulle part, et que je m'immolois très-volontiers pour son bien, d'autant plus que je compte vous revoir incessamment; mais j'ai pensé, comme lui, que tout cela pouvoit aussi-bien se traiter par lettres, et que ce seroit un grand désagrément, supposé qu'on ne pût pas empêcher la parodie de *Sémiramis*, par exemple, d'arriver la veille ou le lendemain de la représentation. Le roi de Pologne a écrit à la reine pour la prier de l'empêcher. Il a des bontés infinies pour votre ami.

Je crois que l'abbé de Bernis doit être content de lui, et qu'il répondra à sa confiance par une discrétion à toute épreuve.

Je voudrois bien que tout ce train sur *Zadig* finît.

Vous savez bien que mon sort est décidé : on réforme le commandement de Lorraine. Je ne puis trop me louer des bontés du roi de Pologne à cette occasion, et assurément je lui serai attachée toute ma vie.

Dites des choses bien tendres pour moi à Mme. d'Argental.

Adieu, mon cher ami. J'ai bien envie de me retrouver entre vous deux, et assurément ce ne sera jamais aussitôt que je le désire.

LETTRE 78.

Lunéville, 30 novembre 1748.

Si votre ami ne s'étoit pas chargé, cher ange, de vous apprendre la grâce que le roi de Pologne a faite à M. du Chastelet, je vous l'aurois apprise moi-même; car je suis bien persuadée de l'intérêt que vous y voulez bien prendre et Mme. d'Argental aussi, à qui je vous prie de faire les plus tendres complimens.

Depuis que je suis ici, je n'ai fait que jouer l'opéra et la comédie.

Votre ami nous a fait une comédie en vers et en un acte, qui est très-jolie, et que nous avons jouée pour notre clôture.

J'ai joué aussi l'acte du *Feu des Elémens*, et je voudrois que vous y eussiez été; car, en vérité, il a été exécuté comme à l'Opéra.

J'imagine qu'il vous aura envoyé ses vers à M. de Richelieu, que je trouve charmans.

Je compte passer les fêtes de Noël à Cirey, et vous revoir au commencement de l'année.

Vous aurez donc *Catilina* le 15. J'espère que vous me manderez ce qui en arrivera.

Adieu, mon cher ami. Je me fais une grande fête de vous embrasser.

LETTRE 79.

Cirey, 13 janvier 1749.

Mon cher ami, je viens me justifier, quoique je ne sois point coupable.

Vous avez bien raison de croire que, si je pensois que la présence de M. de Voltaire fût nécessaire à Paris, je quitterois tout pour l'y ramener ; mais je pense, en vérité, qu'il faut un peu laisser le public jeûner de *Sémiramis*, et la désirer comme elle le mérite. Je suis sûre de M. de Richelieu, et que la parodie ne sera point jouée. Voilà mes principales raisons pour ne point abandonner des affaires très-essentielles et qui seroient bien ennuyeuses, si je ne les faisois pas à Cirey. Un maître de forge qui sort, un autre qui prend possession, des bois à visiter, des contestations à terminer, tout cela, en n'y perdant pas un moment, ne peut être fait avant la fin du mois.

Croyez, mon cher ami, que j'ai une impatience extrême de me retrouver avec vous et Mme. d'Argental, et de vous ramener votre ami, qui vous embrasse mille fois.

DE M. D'ARGENTAL.

Les lettres de Mme. du Chastelet font aimer M. d'Argental. Elles le présentent comme le modèle des amis, et sa vie toute entière ne fut en effet qu'un long dévouement à l'amitié. Le lecteur me saura gré sans doute de lui en retracer quelques détails pour justifier cette opinion.

Charles-Augustin de Ferriol, comte d'Argental, naquit à Paris le 20 décembre 1700, de M. de Ferriol, président au parlement de Metz. Il étoit neveu de la célèbre Mme. de Tencin et frère de M. de *Pont-de-Vesle,* auteur de quelques comédies agréables.

Il fut d'abord destiné à l'état militaire; son frère, qui devoit entrer dans la magistrature, avoit été pourvu d'une charge de conseiller au parlement de Paris. Mais ce frère étant un jour allé faire une visite au chancelier d'Aguesseau, s'amusa, en l'attendant dans le salon, à répéter devant une glace un pas de danse de sa composition. Le chancelier, qui le surprit dans cet exercice, lui fit comprendre qu'il n'avoit pas une vocation assez marquée pour l'état qu'il embrassoit. Il le sentit lui-même, et renonça à sa charge, que fut obligé d'accepter M. d'Argental. Celui-ci n'avoit guère plus de goût que M. de Pont-de-Vesle pour les fonctions de magistrat; mais c'étoit son devoir de les remplir, et il s'en acquitta pendant quarante ans avec une exactitude d'autant plus rigoureuse, qu'il avoit plus besoin de s'observer lui-même pour n'y pas manquer.

M. d'Argental, qui s'est fait remarquer dans son âge mûr et dans sa vieillesse par une grande douceur de mœurs et de caractère, eut une jeunesse fort orageuse. Lorsqu'il entra dans le monde, la célèbre Mlle. *Lecouvreur* faisoit les délices et l'ornement du théâtre : il en devint éperduement amoureux, et parut prêt à tout tenter pour être payé de retour. Mais Mlle. Lecouvreur aimoit le comte, depuis maréchal de Saxe, et se piquoit de fidélité. Toutefois elle ne put se résoudre à le bannir de sa présence; car les femmes, même les plus fidèles, éprouvent presque toujours dans ce cas pour l'amant malheureux une sorte d'intérêt doux et tendre, qui devient assez souvent, sans qu'elles s'en doutent, une de leurs plus grandes coquetteries. Mlle. Lecouvreur avoit su apprécier M. d'Argental, qui joignoit à un caractère très-noble un esprit très-agréable et très-cultivé, et elle ne vouloit pas renoncer aux douceurs de son commerce. Elle lui témoigna donc une grande estime et une véritable affection, qui accrut encore la passion qu'elle vouloit réprimer. Les assiduités de M. d'Argental n'en furent que plus vives et plus marquées; et sa mère, Mme. de Ferriol, en conçut enfin de sérieuses alarmes; elle crut qu'un amour si opiniâtre pouvoit l'entraîner dans des résolutions également contraires à son honneur et aux vues de sa famille ; et, persuadée que l'absence et de grandes occupations le guériroient infailliblement d'une pareille passion, elle sollicita pour lui une place importante à Saint-Domingue ; Mlle. Lecouvreur, qui en fut instruite, écrivit aussitôt à Mme. de Ferriol la lettre suivante qui me paroît un chef-d'œuvre de délicatesse et de sentiment. Elle doit donner une haute idée de l'âme et du caractère de cette grande actrice.

« Madame,

» Je ne puis apprendre, sans m'affliger vive-
» ment, l'inquiétude où vous êtes, et les projets
» que cette inquiétude vous fait faire. Je pour-
» rois ajouter que je n'ai pas moins de douleur
» de savoir que vous blâmez ma conduite ; mais
» je vous écris moins pour la justifier, que pour
» vous protester qu'à l'avenir, sur ce qui vous
» intéresse, elle sera telle que vous voudrez me
» la prescrire. J'avois demandé mardi la per-
» mission de vous voir, dans le dessein de
» vous parler avec confiance et de vous deman-

» der vos ordres. Votre accueil détruisit mon
» zèle, et je ne me trouvai plus que de la timi-
» dité et de la tristesse. Il est cependant néces-
» saire que vous sachiez au vrai mes sentimens,
» et s'il m'est permis de dire quelque chose de
» plus, que vous ne dédaigniez pas d'écouter
» mes très-humbles remontrances, si vous ne
» voulez pas perdre M. votre fils. C'est le plus
» respectueux enfant et le plus honnête homme
» que j'aie jamais vu de ma vie. Vous l'admire-
» riez, s'il ne vous appartenoit pas. Encore
» une fois, Madame, daignez vous joindre à
» moi pour détruire une foiblesse qui vous irrite
» et dont je ne suis pas complice, quoique vous
» disiez. Ne lui témoignez ni mépris ni aigreur;
» j'aime mieux me charger de toute sa haine,
» malgré l'amitié tendre et la vénération que
» j'ai pour lui, que de l'exposer à la moindre
» tentation de vous manquer. Vous êtes trop
» intéressée à sa guérison pour n'y pas tra-
» vailler avec attention, mais vous l'êtes trop
» pour y réussir toute seule, et surtout en com-
» battant son goût par autorité ou en me pei-
» gnant sous des couleurs désavantageuses, fus-
» sent-elles véritables. Il faut bien que cette
» passion soit extraordinaire, puisqu'elle subsiste
» depuis si long-temps sans nulle espérance, au
» milieu des dégoûts, malgré les voyages que
» vous lui avez fait faire, et huit mois de séjour

» à Paris sans me voir, au moins chez moi, et
» sans qu'il sût si je le recevrois de ma vie. Je
» l'ai cru guéri, et c'est ce qui m'a fait consentir
» à le voir dans ma dernière maladie : il est aisé
» de croire que son commerce me plairoit infi-
» niment sans cette malheureuse passion qui
» m'étonne autant qu'elle me flatte, mais dont
» je ne veux pas abuser. Vous craignez qu'en
» me voyant il ne se dérange de ses devoirs, et
» vous poussez cette crainte jusques à prendre
» des résolutions violentes contre lui. En vérité,
» Madame, il n'est pas juste qu'il soit malheu-
» reux en tant de façons. N'ajoutez rien à mes
» injustices; cherchez plutôt à l'en dédomma-
» ger; faites tomber sur moi tout son ressenti-
» ment; mais que vos bontés lui servent de dé-
» dommagement.

» Je lui écrirai ce qu'il vous plaira ; je ne le
» verrai de ma vie, si vous le voulez ; j'irai
» même à la campagne, si vous le jugez néces-
» saire; mais ne le menacez plus de l'envoyer
» au bout du monde; il peut être utile à sa patrie;
» il fera les délices de ses amis; il vous comblera
» de satisfaction et de gloire : vous n'avez qu'à
» guider ses talens et laisser agir ses vertus.
» Oubliez, pendant un temps, que vous êtes sa
» mère, si cette qualité s'oppose aux bontés que
» je vous demande à genoux pour lui. Enfin,
» Madame, vous me verrez plutôt me retirer

» du monde ou l'aimer d'amour, que de souf-
» frir qu'il soit à l'avenir tourmenté pour moi et
» par moi. Pardonnez un sentiment que vous
» pouvez détruire, mais que je n'ai pu retenir :
» ajoutez ce que je vous demande à toutes les
» bontés que vous m'avez prodiguées, et per-
» mettez-moi de penser que mon sincère atta-
» chement et ma vive reconnoissance vous for-
» ceront à me conserver cette bienveillance qui
» m'est si précieuse, et laissez-moi m'applaudir
» toute ma vie d'être avec un très-profond res-
» pect,

» Madame,

» Votre très-humble et très-obéissante
» servante,

» ADRIENNE LECOUVREUR ».

« Mandez-moi ce que vous voulez que je fasse ;
» et, si vous voulez me parler sans qu'il le sache,
» je me rendrai où il vous plaira, Madame, et
» je n'épargnerai ni mes soins ni mes vœux pour
» que vous soyez contente et de M. votre fils et
» de moi ».

A Paris, ce 22 mars 1721.

Mme. de Ferriol, qui pensoit que cette
lettre n'affoibliroit pas apparemment
l'attachement de son fils pour Mlle. Le-

couvreur, se garda bien de la lui montrer. Ce ne fut que soixante ans après, qu'il en eut connoissance. Une personne qui s'étoit chargée de mettre quelque ordre dans ses papiers, la trouva dans un vieux secrétaire de Mme. de Ferriol, et la lui fit lire. Il avoit alors quatre-vingt-quatre ans : près de descendre dans la tombe, il recevoit de la personne qu'il avoit le plus aimée, un témoignage de la plus tendre et de la plus délicate amitié; il en fut profondément ému et fondit en larmes. Il se retrouvoit transporté non pas seulement par un souvenir, mais par je ne sais quoi de plus réel, au temps de ses plus beaux jours. Il y a peu de vieillards qui aient pu jouir d'un plus doux moment.

On retrouva en même temps ce billet plein de grâce de Mlle. Lecouvreur à M. d'Argental, que j'insérerai également ici pour faire juger combien sa lettre étoit sincère.

« Enfin, vous voulez que l'on vous écrive contre

» toutes sortes de raisons. Se peut-il qu'avec
» tant d'esprit, vous soyez si peu maître de vous?
» Que vous en reviendra-t-il, que le plaisir de
» m'exposer à des tracasseries désagréables,
» pour ne pas dire pis? Je suis honteuse de vous
» quereller quand vous me faites tant de pitié;
» mais vous m'y contraignez. Soyez, je vous
» prie, plus raisonnable, et dites à celui que
» vous chargez de me tourmenter, qu'il me per-
» mette un peu de respirer; à peine, depuis
» quatre jours, m'en a-t-il laissé le temps. Je
» vous ferai voir bien clairement les inconvé-
» niens de cette conduite la première fois que le
» hasard pourra nous réunir, et je ne suis pas
» embarrassée de vous faire convenir que vous
» avez tort.

» Adieu, malheureux enfant. Vous me mettez
» au désespoir ».

Peu d'années après, Mlle. Lecouvreur, qui étoit demeurée l'amie intime de M. d'Argental, mourut d'une maladie violente qui l'emporta en quelques jours. Elle avoit deux filles naturelles, à qui elle ne pouvoit laisser sa fortune, et elle institua son légataire universel M. d'Argental. Ce legs n'étoit qu'un *fidéi-commis* confié à son honneur et à sa probité. Il étoit alors conseiller au parlement, et c'étoit une action contraire à toutes les convenances de son état, et qui pouvoit le perdre dans l'opinion de son corps, que d'accepter l'héritage d'une comédienne. Le danger étoit d'autant plus à craindre, que les parens de Mlle. Lecouvreur le menaçoient de lui disputer cette succession devant les tribunaux. Mais M. d'Argental sentit que rien ne pouvoit l'autoriser à trahir la confiance d'une mère et d'une amie mourante; que c'étoit-là une de ces lois éternelles d'honneur et de justice contre lesquelles ne sauroient prévaloir des bienséances de convention; il accepta le legs, donna aux parens une indemnité, qui lui coûta près de vingt mille francs, fit élever les deux filles, les maria ensuite avantageusement; et, comme à la longue l'opinion du monde est toujours juste et raisonnable et ne poursuit que les actions vraiment blâmables et honteuses, M. d'Argental, par cet acte de dévouement à l'amitié, ne perdit rien de l'estime et de la considération qui lui étoit due à tant d'autres titres.

M. d'Argental porta dans tous ses autres sentimens la même vivacité, la même franchise, le même dévouement. Il en donna un bel exemple dans sa longue et constante amitié pour Voltaire, amitié qui fut en quelque sorte la passion dominante de sa vie toute entière. Jamais un ami n'adopta plus complètement et avec moins de réserve les intérêts de son ami, ne le servit avec plus de zèle et de continuité, ne s'oublia mieux pour lui, et ne fut plus heureux des services qu'il lui avoit rendus. Une femme de la société de M. d'Argental lui disoit, en riant, *qu'il vivoit de Voltaire.* Cette expression bizarre peut donner une juste idée de la vivacité de ce sentiment. « Son admiration pour Voltaire, a » dit M. de la Harpe, étoit un senti- » ment vrai et sans aucune ostenta- » tion ; il adoroit ses talens comme » il aimoit sa personne, avec la plus

« grande sincérité. Il jouissoit véritable-
» ment de ses confidences et de ses suc-
» cès ; il n'en étoit pas vain, il en étoit
» heureux, et de si bonne foi, que tous
» ceux qui le voyoient lui savoient gré
» de son bonheur ».

M. d'Argental, qui aimoit passionné-
ment le théâtre, étoit l'homme de France
qui en savoit mieux l'histoire, et il en
jugeoit les productions avec un tact et un
goût exquis. Aussi Voltaire n'a jamais fait
jouer une pièce, sans l'avoir soumise à
son approbation, et il eut souvent lieu de
s'applaudir d'avoir suivi ses conseils. Elevé
dans la société de Mme. de Tencin, lié de
bonne heure avec tous les gens de lettres
le plus distingués de son temps, nourri
d'ailleurs d'excellentes études, M. d'Argental avoit acquis dans ce double commerce un jugement sûr, qui lui faisoit
promptement découvrir et marquer les
défauts et les beautés d'un ouvrage. Il
étoit doué d'une finesse et d'une sagacité
d'esprit remarquable, mais qu'il falloit
souvent chercher sous les formes d'une

grande modestie, pour ne pas dire d'une excessive timidité. Ce n'est donc pas sans étonnement qu'on a lu, dans les *Mémoires de Marmontel*, le récit d'une lecture de la tragédie de *Denis le Tyran*, où M. d'Argental figure comme une espèce d'imbécille, incapable d'avoir ou d'exprimer un avis. Marmontel qui, par l'habitude de faire des contes, semble avoir arrangé en manière de contes beaucoup d'événemens de sa vie, fait de cette séance une scène comique, à qui il ne manque que de la vraisemblance pour être très-plaisante. Si M. d'Argental eût été aussi inepte qu'il le suppose, on auroit de la peine à expliquer comment Voltaire a pu, pendant plus de soixante ans, lui envoyer si exactement tous les ouvrages qu'il se proposoit de livrer au public, attendre ses avis avec tant d'impatience, et se soumettre si fréquemment à ses décisions, quelque résistance qu'il y opposât d'abord. Voltaire n'étoit pas homme à rester si long-temps l'ami intime d'un sot. Un poëte qui avoit une sensibilité si vive sur toutes ses productions, ne les auroit pas indifféremment livrées à la censure d'un homme dépourvu de goût. La longue correspondance de Voltaire avec M. d'Argental est une réponse sans réplique aux fausses imputations de Marmontel. Mais il en est une encore plus décisive ; c'est une lettre inédite de M. d'Argental à Voltaire, sur une pièce de théâtre intitulée *Thérèse*. Cette lettre est curieuse sous plus d'un rapport. Elle nous fait d'abord connoître un fait littéraire ignoré jusqu'à ce jour. Il paroît qu'après le succès de *Mérope*, Voltaire avoit composé une comédie bouffonne intitulée *Thérèse*, qu'il a condamnée à l'oubli peut-être d'après cette lettre de M. d'Argental : il étoit alors dans la plus belle période de son talent, et ce sacrifice lui aura sans doute peu coûté. Dans un âge plus avancé, quand il avoit perdu de sa force, il s'est montré moins traitable. Cette lettre, de plus, servira à venger la mémoire de M. d'Argental ; elle fera voir si en effet, comme le dit Marmontel, on ne pouvoit tirer de lui que des *demi-mots*, des *réticences*, des *phrases indécises*, du *vague* et de l'*obscurité*. Après l'avoir lue, il faudra supposer, si la scène racontée dans les *Mémoires* est vraie, ou que M. d'Argental, si hardi devant le génie de Voltaire, étoit plein de respect pour le génie de Marmontel, ou que ces *demi-mots*, ces *réticences* n'étoient qu'une manière polie de faire comprendre au jeune poëte ce que le jugement du public a depuis confirmé, que *Denis le Tyran* étoit une mauvaise pièce (1).

« Je suis, mon cher ami, très-persuadé de
» l'inutilité de mes conseils : je sais même qu'ils
» pourront vous déplaire ; mais je suis trop tour-
» menté de votre projet, pour qu'il me soit
» possible de garder le silence. Vous vous obs-

---

(1) Cette lettre de M. d'Argental et une partie des réflexions qui la précèdent ont été insérées, par l'auteur de cette Notice, dans le *Publiciste* du 19 nivôse an 13.

» tinuez à donner *Thérèse*. Je sais que vous avez
» indiqué une répétition. Je ne vais pas si loin
» que ceux qui condamnent entièrement votre
» ouvrage : il y a bien des endroits qui me
» plaisent ; mais je ne saurois m'empêcher de
» vous dire que je le trouve indigne de vous, et
» par le genre et par l'exécution. Le genre au-
» quel vous êtes descendu est tel que, quand
» vous réussiriez (ce que je n'espère assuré-
» ment pas), on auroit de la peine à vous par-
» donner de l'avoir entrepris ; et, si vous tom-
» bez (comme cela est très-apparent), ce ne
» sera pas une simple chute, ce sera un très-
» grand ridicule que d'avoir formé une pareille
» entreprise et d'y avoir échoué. Il est permis
» aux grands hommes de faire de mauvais ou-
» vrages, mais jamais des ouvrages de mauvais
» goût. On pardonne à Corneille d'avoir fait
» *Pertharite* ; on excuse à peine Racine d'avoir
» fait les *Plaideurs*, malgré leur grand succès.
» Quant à l'exécution, votre pièce se ressent de
» la précipitation avec laquelle elle a été faite :
» le plan n'est qu'ébauché ; le style n'est nulle-
» ment soigné ; les caractères ne sont point
» soutenus, surtout celui de Gripau, dans lequel
» il y a un mélange inconcevable. Votre projet
» a été d'en faire une bête et un ignorant ; et il a
» quelquefois de l'esprit, et dit des choses qui
» supposent des connoissances. Vous prétendez
» avoir corrigé ; mais je n'ai pas, je vous l'avoue,

» opinion

» opinion de corrections qui n'ont pas été plus
» méditées que l'ouvrage. Il faut que le feu de la
» composition soit calmé pour bien juger des
» défauts : on ne voit juste que quand on voit
» de sang-froid, et convenez que vous êtes bien
» loin de cet état-là. Si vous avez la patience
» d'attendre six mois, j'en appelle à vous : je suis
» persuadé que vous serez tout au moins de
» mon avis, et que vous changerez presque en-
» tièrement ce qui vous plaît aujourd'hui. D'ail-
» leurs il est impossible, pour donner votre
» pièce, de prendre un plus mauvais moment et
» des circonstances moins favorables. Le temps
» où vous voulez qu'on la joue sera, sans con-
» tredit, le plus mauvais de l'année. Vous aurez
» contre vous la chaleur, les promenades, les
» campagnes, la guerre, pour laquelle tout le
» monde sera parti.

» Le succès de *Mérope* a réveillé vos enne-
» mis, excité vos envieux, augmenté l'attente
» de ceux qui vous ont admiré. Ces derniers vous
» jugeront avec sévérité, et les autres avec rage.
» Vous devez vous attendre à une cabale capa-
» ble de faire tomber le meilleur de vos ou-
» vrages, et assurément *Thérèse* est très-éloi-
» gnée de l'être. Est-il possible, quand on est
» bien, de ne vouloir pas s'y tenir ? Au lieu de
» vous reposer sur vos lauriers et d'en jouir,
» vous allez exposer une gloire qui vous est en-
» tièrement acquise, et sans pouvoir espérer de
» l'augmenter. J'en reviens à ce que j'ai dit au

» commencement de ma lettre ; tout ce que
» vous pouvez espérer de mieux d'un succès, est
» qu'on vous pardonne d'avoir traité un pareil
» genre, et la chute vous couvrira de ridicule.

» Vous serez sûrement mécontent de mon
» zèle, et assurément je serois injuste de vous
» demander de m'en savoir gré. Mon intérêt
» est trop personnel pour que j'eusse l'injustice
» d'exiger de la reconnoissance. Mon amitié
» pour vous me fait partager tout ce qui vous
» arrive : le succès de *Mérope* m'a été aussi
» sensible qu'à vous, et je ressentirai la chute
» de *Thérèse* avec plus de vivacité, que vous ne
» pourrez la ressentir vous-même ».

M. d'Argental avoit été nommé, en 1757, ministre de l'infant duc de Parme près la cour de France : il avoit dû cette place aux bontés de l'infante, fille de Louis XV, et à l'amitié de M. de Choiseul. Il en remplit les fonctions jusqu'à sa mort ; mais il avoit failli la perdre dans une circonstance qui mérite d'être rapportée, où il prouva qu'avec beaucoup de douceur dans les mœurs, il n'avoit pas moins de fermeté dans les principes et d'élévation dans le caractère. M. de Felino, ministre de l'infant, qui, pendant tout le règne de dom Philippe, avoit administré l'état de Parme avec autant de sagesse que de capacité, étoit tombé, après la mort de ce prince, dans la disgrâce de la nouvelle infante, fille de *Marie-Thérèse*. Dépouillé de tous ses emplois, il n'avoit échappé que par une prompte fuite à l'emprisonnement dont il étoit menacé. Il vint à Paris : les protecteurs de M. d'Argental n'existoient plus; l'infante douairière étoit morte, et M. de Choiseul avoit quitté le ministère. Dans ces circonstances, où tout autre auroit craint de partager le sort d'un proscrit, M. d'Argental, qui, dans une correspondance de plusieurs années, avoit appris à estimer et respecter M. de Felino, s'empressa, malgré les remontrances de ses amis, de lui offrir un logement dans sa maison. Il le vit tous les jours, et se montra publiquement et constamment son ami et son défenseur, au risque de perdre une place de vingt-quatre mille francs, qui faisoit alors presque toute sa fortune. Noble exemple de courage et d'indépendance qui sembleroit devoir être naturel et facile à toutes les âmes bien nées, et qui pourtant a été peu imité, quoique, dans des temps postérieurs surtout, les occasions n'en aient pas été rares.

M. d'Argental, après avoir parcouru une longue carrière, toujours plus cher à ses amis, toujours plus digne de l'estime publique, mourut le 5 janvier 1788, à quatre-vingt-huit ans. Sa fin, comme sa vie toute entière, fut douce et sans douleur. Il s'endormit et ne se réveilla plus. Le jour même de sa mort, il avoit fait des vers à Mme. de Courteille, sa plus ancienne amie. Les voici : ils peuvent faire juger de la paix de ses derniers momens.

> L'amour, dans mon printemps, égara ma jeunesse ;
> La plus tendre amitié consoloit ma vieillesse.
> Courteille ! c'est à vous que j'ai dû ce secours :
> Vous me rendiez heureux sur la fin de mes jours.
> Je ne vous parle pas de ma reconnoissance ;
> Mes raisons pour aimer ont assez de puissance ;
> Mais on s'attache aussi par ses propres bienfaits :
> Ce que je tins de vous ne l'oubliez jamais.

C'est cette même Mme. de Courteille

qui déclara aux parens de M. d'Argental, quelques jours après sa mort, « que M. d'Argental l'ayant surprise un jour fondant en larmes à la lecture du *Comte de Comminges*, lui avoit avoué qu'il étoit l'auteur de cet ouvrage; mais qu'il avoit donné ce roman à sa tante pour ne pas blesser les convenances de son état; qu'elle étoit la seule personne à qui il eût fait cette confidence, et qu'il lui demandoit de garder son secret jusqu'à sa mort ». Il est difficile de nier ou d'affirmer ce fait extraordinaire. S'il n'étoit pas malheureusement prouvé qu'on peut, avec de l'esprit, tout feindre et tout imiter, jusqu'aux sentimens les plus nobles ou les plus passionnés, je dirois, avec l'auteur de la lettre où ce fait a été consigné pour la première fois (1), qu'on retrouve bien plus dans ce roman l'âme tendre et délicate de M. d'Argental, que celle de Mme. de Tencin. Mais une pa-

---

(1) Voyez le *Publiciste* du 5 germinal an 13.

reille preuve seroit trop facile à réfuter par des exemples. On a pu être, comme Mme. de Tencin, une femme intrigante et corrompue, et faire encore des romans pleins de sensibilité. Les amis de M. d'Argental appuient cette déclaration de Mme. de Courteille par une preuve plus positive. Ils ont entre leurs mains plusieurs feuilles qu'il avoit condamnées au feu, écrites toutes de sa main, avec les ratures de la composition, et qui contiennent, telles qu'elles se trouvent dans l'ouvrage imprimé, plusieurs pages des *Anecdotes de la cour d'Edouard*, autre roman de Mme. de Tencin. Ils ajoutent que M. d'Argental étoit d'une véracité reconnue. Auroit-il pu mentir à son amie intime pour un fait de cette nature? Voilà d'assez fortes présomptions; mais il faudroit convenir aussi que, si la tante avoit abusé à ce point de la modestie, de la bonhomie et de la discrétion de son neveu, ce seroit une étrange femme que Mme. de Tencin.

DE L'EXISTENCE
DE DIEU.

DE L'EXISTENCE
DE DIEU.

L'ÉTUDE de la nature nous élève à la connoissance d'un Etre-Suprême. Cette grande vérité est encore plus nécessaire, s'il est possible, à la bonne physique qu'à la morale, et elle doit être le fondement et la conclusion de toutes les recherches que nous faisons dans cette science.

Je crois donc indispensable de commencer par vous mettre sous les yeux un précis des preuves de cette importante vérité, par lequel vous pourrez juger par vous-même de son évidence.

Quelque chose existe, puisque j'existe.

Puisque quelque chose existe, il faut que quelque chose ait existé de toute éternité ; sans cela, il faudroit que le néant, qui n'est qu'une négation, eût produit tout ce qui existe ; ce qui est une contradiction dans les termes ; car c'est dire qu'une chose a été produite, et ne reconnoître cependant aucune cause de son existence.

L'être qui a existé de toute éternité, doit exister nécessairement, et ne tenir son existence d'aucune cause; car, s'il avoit reçu son existence d'un autre être, il faudroit que cet autre être existât par lui-même ; et alors c'est lui dont je parle, et c'est Dieu ; ou bien il tiendroit encore son existence d'un autre. On voit aisément qu'en remontant ainsi à l'infini, il faut arriver à un être nécessaire qui existe par lui-même, ou bien admettre une chaîne infinie d'êtres, lesquels, pris tous ensemble, n'auront aucune cause externe de leur existence (puisque tous les êtres entrent dans cette chaîne infinie), et qui, chacun en particulier, n'en auront aucune cause interne, puisqu'aucun n'existe par lui-même, et qu'ils tiennent tous l'existence les uns des autres dans une gradation à l'infini. Ainsi c'est supposer une chaîne d'êtres qui, séparément, ont été produits par une cause, et qui, tous ensemble, n'ont été produits par rien; ce qui est une contradiction dans les termes. Il y a donc un être qui existe nécessairement, puisqu'il implique contradiction qu'un tel être n'existe pas.

Tout ce qui nous environne naît et périt successivement; rien ne jouit d'un état nécessaire; tout se succède, et nous nous succédons nous-mêmes les uns aux autres. Il n'y a donc que de la contingence dans tous les êtres qui nous environnent, c'est-à-dire, que le contraire est également possible, et n'implique point contradiction (car c'est ce qui distingue un être contingent d'un être nécessaire).

Tout ce qui existe a une raison suffisante de son existence; ainsi il faut que la raison suffisante de l'existence d'un être soit dans lui ou hors de lui: or, la raison de l'existence d'un être contingent ne peut être dans lui ; car, s'il portoit la raison suffisante de son existence en lui, il seroit impossible qu'il n'existât pas ; ce qui est contradictoire à la définition d'un être contingent. La raison suffisante de l'existence d'un être contingent doit donc nécessairement être hors de lui, puisqu'il ne sauroit l'avoir en lui-même.

Cette raison suffisante ne peut se trouver dans un autre être contingent, ni dans une suite de ces êtres, puisque la même question se retrouvera toujours au bout de cette chaîne, quelque loin qu'on la puisse étendre. Il faut donc en venir à un être nécessaire qui contienne la raison suffisante de l'existence de tous les êtres contingens et de la sienne propre, et cet être, c'est Dieu.

Les attributs de cet être suprême sont une suite de la nécessité de son existence.

Ainsi il est éternel, c'est-à-dire, qu'il n'a point eu de commencement et qu'il n'aura jamais de fin ; car, si l'être nécessaire avoit commencé, il faudroit ou qu'il eût agi, avant que d'être, pour se produire, ce qui est absurde; ou bien que quelque chose l'eût produit, ce qui est contre la définition de l'être nécessaire.

Il ne peut avoir de fin, parce que la raison suffisante de son existence résidant en lui, elle ne peut jamais l'abandonner; de plus, ce qui est contraire à une chose nécessaire, implique contradiction, et est par conséquent impossible : il est donc impossible que l'être nécessaire cesse d'exister, de la même façon qu'il est impossible que trois fois trois fassent huit.

Il est immuable : car, s'il changeoit, il ne seroit plus ce qu'il étoit, et par conséquent il n'auroit pu exister nécessairement; il faut de plus que chaque état successif ait sa raison suffisante dans un état précédent, celui-là dans un autre, et ainsi de suite. Or, comme dans l'être nécessaire on ne parviendroit jamais au dernier état, puisque l'être n'a jamais commencé, un état successif quelconque seroit sans raison suffisante, s'il étoit susceptible de succession ; ainsi il ne peut y avoir de changement ni de succession dans l'être nécessaire.

Il suit clairement, de ce qu'on vient de dire, que l'être nécessaire ne sauroit être un être composé qui n'existe qu'autant que ses parties sont liées ensemble, et qui peut être détruit par la dissociation de ces mêmes parties ; et que par conséquent l'être existant par lui-même est un être simple.

Le monde que nous voyons ne sauroit être l'être nécessaire ; car il est composé de parties, et il y a une succession continuelle en lui ; ce qui est absolument contradictoire aux attributs que je viens de montrer appartenir à l'être nécessaire.

Par la même raison, la matière ni les élémens de la matière ne peuvent point être l'être nécessaire.

Notre âme ne peut point être non plus cet être nécessaire ; car ses perceptions changeant continuellement, elle est dans des variations perpétuelles; mais l'être nécessaire ne peut varier : notre âme n'est donc point l'être nécessaire.

L'être existant par lui-même est donc un être différent du monde que nous voyons, de la matière qui compose ce monde, des élémens qui composent cette matière, et de notre âme; et il contient en lui la raison suffisante de son existence et de celle de tous les êtres qui existent.

On voit aisément, par tout ce qui vient d'être dit, qu'il ne peut y avoir qu'un être nécessaire; car, s'il y avoit deux êtres qui existassent nécessairement et indépendamment l'un de l'autre, il seroit possible que chacun existât seul, et par conséquent ni l'un ni l'autre n'existeroit nécessairement.

Il est évident que tout ce qui est possible n'existe pas, et qu'une infinité de choses qui pourroient arriver n'arrivent point. Alexandre, par exemple, au lieu de détruire l'empire des Perses, pouvoit tourner ses armes contre les peuples de l'occident, ou bien vivre paisiblement dans son royaume; il pouvoit prendre enfin une infinité de partis différens de celui qu'il a pris, qui auroient tous fait naître une infinité de combinaisons qui étoient possibles alors, et qui auroient produit des événemens tout différens de ceux qui sont arrivés. Les événemens que contiennent les romans sont dans le même cas; ils pourroient arriver, si une autre suite de choses avoit lieu; ce sont des histoires d'un monde possible, auquel il manque l'actualité; car chaque suite de choses constitue un monde qui seroit différent de tout autre par les événemens qui lui seroient particuliers. Ainsi l'on peut concevoir une telle suite de causes qui auroit fait naître les événemens qui sont dans *Zaïde*, ou ceux de la reine de Navarre; car ces événemens sont possibles; il ne leur manque que l'actualité : de même on peut concevoir des univers possibles dans lesquels il y auroit d'autres étoiles et d'autres

tres planètes; et comme les différens rapports de ces univers peuvent être combinés d'une infinité de manières, il y a une infinité de mondes possibles dont un seul existe actuellement.

Lorsqu'il n'y avoit encore rien de produit, et qu'aucun de ces mondes possibles n'existoit, ils étoient tous également en pouvoir de parvenir à l'existence; et ils attendoient, pour ainsi dire, qu'une puissance externe les y appelât et les rendît actuels; car ce qui n'existe point ne peut contribuer à son existence qu'idéalement, c'est-à-dire, autant qu'il renferme certaines déterminations que le reste ne renferme pas, et qui peuvent déterminer un être intelligent à le choisir pour lui donner l'existence.

Il faut qu'il y ait une raison suffisante de l'actualité du monde que nous voyons, puisqu'une infinité d'autres mondes étoient possibles. Or, cette raison ne peut se trouver que dans les différences qui distinguent ce monde-ci de tous les autres mondes. Il faut donc que l'être nécessaire se soit représenté tous les mondes possibles, qu'il ait considéré leurs arrangemens divers et leurs différences, pour avoir pu se déterminer ensuite à donner l'actualité à celui qui lui plaisoit le plus.

La représentation distincte des choses fait l'entendement: or, l'être nécessaire qui a dû se représenter tous les mondes possibles avant de créer celui-ci, est donc un être intelligent dont l'entendement est infini; car tous les mondes possibles renferment tous les arrangemens possibles de toutes les choses possibles. Ainsi cet être que nous nommons Dieu, est un être intelligent qui voit non-seulement tout ce qui arrive actuellement, mais encore tout ce qui arriveroit dans quelque combinaison des choses possibles que ce puisse être; car tout ce qui est possible entre dans les mondes qu'il contemple sans cesse, et qui se jouent, pour ainsi dire, devant lui.

Comme la succession est une imperfection attachée au fini, il n'y a point de succession dans les perceptions de Dieu, qui se représente à la fois tous les mondes possibles avec tous leurs changemens possibles; et comme il y a dans nos idées une infinité de choses confuses, et que nous ne distinguons point à cause de leur multiplicité, les idées que Dieu a des choses étant infiniment distinctes, elles sont infiniment différentes des nôtres, comme seroit à peu près l'idée que nous avons de la lune, d'avec celle qu'en auroit un homme qui auroit demeuré long-temps dans cette planète. La façon dont Dieu voit et se représente toutes les choses possibles, est donc incompréhensible pour nous; ainsi nous ne pouvons nous former d'idée distincte de l'entendement divin; il est, comme la création, au nombre des choses qu'il nous est impossible de comprendre et de nier. Souvenons-nous toujours, quand nous voudrons comprendre l'entendement de Dieu, de cet enfant que saint Augustin vit au bord de la mer, qui essayoit de mettre l'Océan dans une coque de noisette; et nous aurons par là une foible idée de la présomption d'un être dont l'entendement est fini, et qui veut se faire une idée claire de l'entendement du créateur.

Le choix que Dieu a fait, parmi tous les mondes possibles, du monde que nous voyons, est une preuve de sa liberté; car ayant donné l'actualité à une suite de choses qui ne contribuoit en rien par sa propre force à son existence, il n'y a point de raison qui dût l'empêcher de donner l'existence aux autres suites possibles, qui étoient toutes dans le même cas, quant à la possibilité. Il a donc choisi la suite de choses qui compose cet univers, pour la rendre actuelle, parce qu'elle lui plaisoit le plus; il a été le maître absolu de son choix. L'être nécessaire est donc un être libre; car agir suivant le choix de sa propre volonté, c'est être libre.

Mais le choix qu'il fait de ce monde, il ne l'a pas fait sans raison; car l'intelligence suprême ne se conduira pas sans intelligence. Or, puisque nous jugeons ici-bas qu'un être est plus ou moins intelligent, suivant qu'il se détermine par des raisons plus ou moins suffisantes, Dieu étant le plus parfait de tous les êtres, aucune de ses actions ne peut être sans une raison suffisante. Il a donc eu une raison pour se déterminer à créer un monde, et cette raison est la satisfaction qu'il a trouvée à communiquer une partie de ses perfections, et la raison qui l'a déterminé à donner l'actualité à ce monde-ci plutôt qu'à tout autre, a été la plus grande perfection qu'il a trouvée dans celui-ci. Mais cette raison n'est point hors de Dieu ni antécédente à lui; il la trouve dans lui-même; elle fait partie de son intelligence; car tous les mondes possibles étant des suites de choses coexistantes et successives, ces suites possèdent différens degrés de perfection, selon qu'elles sont plus ou moins bien liées ensemble, et qu'elles tendent avec plus ou moins d'harmonie à une fin générale. Or, la contemplation de la perfection est la source du plaisir dans les êtres intelligens; car ce qui a plus de perfection plaît davantage, et un être raisonnable ne désire les choses qu'à proportion qu'il y remarque des perfections: mais comme notre entendement est borné, et que nous sommes sujets à nous tromper dans les jugemens que nous portons, nous prenons souvent une perfection apparente pour une perfection réelle ; au contraire, Dieu voyant les choses avec un entendement infini, il ne peut être trompé par les apparences, ni choisir le mauvais, faute de connoître le meilleur. Il apperçoit donc, parmi tous les mondes possibles, le meilleur et le plus parfait, et cette plus grande perfection est la raison suffisante de la préférence qu'il a donnée à ce monde-ci sur tous les autres mondes possibles. L'être nécessaire est donc infiniment sage ; car il n'appartient qu'à un être dont la sagesse est infinie de choisir le plus parfait.

C'est de cette sagesse infinie du créateur que les causes finales, ce principe si fécond dans la physique, et que quelques philosophes en ont voulu bannir bien mal à propos, tirent leur origine ; tout marque un dessein ; et c'est être aveugle ou vouloir l'être, que de ne pas appercevoir que le créateur s'est proposé, dans le moindre de ses ouvrages, des fins qu'il obtient toujours, et que la nature travaille sans cesse à exécuter. Ainsi cet univers n'est point un chaos, une masse désordonnée sans harmonie et sans liaison, comme quelques déclamateurs voudroient le persuader ; mais toutes les parties y sont arrangées avec une sagesse infinie, et aucune ne pourroit être transplantée ni ôtée de sa place sans nuire à la perfection du tout.

En étudiant la nature, on découvre quelque partie des vues et de l'art du créateur dans la construction de cet univers. Ainsi Virgile a eu raison de dire :

Felix qui potuit rerum cognoscere causas ;

puisque la connoissance des causes nous

élève jusqu'au créateur, et nous fait entrer dans le mystère de ses desseins en nous faisant voir l'ordre admirable qui règne dans l'univers, et les rapports de ses différentes parties, qui ne sont pas seulement des rapports nécessaires de situation comme d'être en haut ou en bas, mais des rapports d'un dessein dont tout porte l'empreinte; et plus le monde vieillit, plus les hommes poussent loin leurs découvertes, et plus on trouve un dessein marqué dans la fabrique du monde et de la moindre de ses parties.

Ce monde-ci est donc le meilleur des mondes possibles, celui où il règne le plus de variété avec le plus d'ordre, et où le plus d'effets sont produits par les lois les plus simples : c'est l'univers qui occupe la pointe de la pyramide (1), et

---

(1) Leibnitz, continuant dans sa *Théodicée* le dialogue entre Boëce et Valla, introduit le prêtre d'Apollon, qui veut savoir l'origine des malheurs de Sexte Tarquin, et qui cherche

qui n'en a point au-dessus de lui, mais bien une infinité au-dessous qui décroissent en perfection, et qui n'étoient point dignes par conséquent d'être choisis par un être infiniment sage.

Toutes les objections tirées des maux qu'on voit régner dans ce monde, s'évanouissent par ce principe ; Dieu les souffre dans l'univers en tant qu'ils entrent dans la meilleure suite des choses possibles, et dont ils ne sauroient être ôtés sans ôter quelque perfection au tout ; car tout l'univers est lié ensemble; le moindre événement tient à une infinité d'autres qui l'ont précédé, et une infinité d'autres tiennent à lui et en naîtront. Pour juger donc d'un événement, il n'en faut point juger en particulier et hors de la liaison et de la suite des

---

cette origine dans le palais des Destinées, qui étoit une pyramide composée de tous les mondes possibles, dans laquelle le meilleur, qui étoit celui-ci, où Tarquin commettoit les crimes qui ont été la cause de la liberté romaine, occupoit la pointe.

choses, mais il en faut juger par rapport à l'univers entier, et par les effets qu'il produit dans tous les lieux et dans tous les temps ; car de vouloir juger par un mal apparent de la perfection de l'univers, c'est juger d'un tableau entier par un seul trait, et c'est une chimère de s'imaginer que toutes les imperfections puissent être ôtées, et le tout rester le même ou devenir plus parfait. L'imperfection dans la partie contribue souvent à la perfection du tout ; car, lorsqu'il faut satisfaire à plusieurs règles à la fois pour arriver à une perfection générale, les règles se contredisent souvent et forcent à des exceptions qu'il est impossible d'éviter ; d'où naissent les imperfections dans la partie, lesquelles ne laissent pas de contribuer au tout le plus parfait qu'il soit possible d'exécuter. L'œil humain, par exemple, ne pourroit voir les moindres parties d'un objet sans perdre la vue du tout ; nous verrions quelques points très-distinctement, si nos yeux étoient des microscopes ; mais nous en perdrions l'ensemble. Il faut donc que notre vue soit moins distincte pour se proportionner à nos besoins, puisque la distinction des moindres parties et la vue totale de l'ensemble ne peuvent être réunies ; car il nous est plus utile de voir l'objet entier, que de distinguer tous ses points les uns après les autres : ainsi c'est une chimère de croire que l'œil de l'homme eût été plus parfait, s'il eût distingué les moindres parties des choses, puisqu'au contraire une telle vue nous eût été presque inutile.

La volonté générale de Dieu va sans doute au bien et à la perfection de chaque chose en particulier ; mais sa volonté conséquente, qui est le résultat de toutes ses volontés antécédentes, et qui peut seule s'exécuter, va au bien et à la plus grande perfection du tout, à laquelle la perfection des parties doit céder.

Il est vrai que nous ne pouvons voir tout ce grand tableau de l'univers, ni montrer en détail comment la perfection du tout résulte des imperfections apparentes que nous croyons voir dans quelques parties ; car il faudroit pour cela se représenter l'univers entier, et pouvoir le comparer avec tous les autres univers possibles, ce qui est un attribut de la Divinité. Mais notre impuissance sur cela ne peut nous faire douter que l'intelligence suprême n'ait choisi le meilleur des mondes pour lui donner l'existence ; car l'être nécessaire qui se suffit à lui-même et qui n'a besoin d'aucune chose hors de lui, n'a pu se proposer d'autres fins dans la création de cet univers, que de communiquer une partie de ses perfections à ses créatures, et de faire un ouvrage digne de lui, puisqu'il se seroit manqué à lui-même, et qu'il auroit dérogé à ses perfections, s'il avoit produit un monde indigne de sa sagesse.

Une suite de l'enchaînement des parties et du tout, c'est que toute imperfection ne peut être ôtée à l'homme. L'homme est un être fini, borné et limité dans tout par son essence. Or, combien de maux ne nous arrive-t-il pas, parce que notre entendement est limité, parce que nous ne saurions tout savoir, tout entendre, ni nous trouver partout où notre présence seroit nécessaire ? Mais ce sont-là des facultés que la créature ne pourroit avoir sans devenir un Dieu. Ainsi les imperfections qui sont dans la créature une suite de ses limitations, sont des imperfections nécessaires.

Il suit, de tout ce que je viens de dire, que l'Etre-Suprême est infiniment bon ; car s'étant déterminé à créer un monde pour communiquer une partie de ses perfections infinies, il s'est déterminé à accorder l'actualité à la meilleure suite de choses possibles. Il a accordé à chaque chose en particulier autant de perfection essentielle qu'elle en pouvoit recevoir ; et il a dirigé par sa sagesse les maux qui étoient inévitables dans cette suite de choses, à de plus grands biens.

Il est infiniment puissant ; car Dieu s'étant représenté de toute éternité tout ce qui est possible, son entendement est la source de toute possibilité, et rien ne pouvant jamais devenir possible que ce que Dieu a conçu comme tel, et rien n'étant actuel que ce à quoi il a bien voulu accorder l'existence, il est le principe de la possibilité, et de l'actualité de tout ce qui est actuel et possible.

Dieu est le maître absolu de cette suite de choses à laquelle il a accordé l'existence ; il peut la changer et l'anéantir ; car de même qu'on a vu qu'un être contingent ne peut se donner l'existence, il ne peut non plus se la conserver un moment par sa propre force. Ainsi la raison de l'existence continuée ne peut être dans la créature, qui ne peut ni commencer, ni continuer d'être, que par la volonté du créateur, dont elle a besoin à tout moment pour se soutenir dans l'actualité qu'il lui a donnée.

RÉFLEXIONS
SUR LE BONHEUR.

RÉFLEXIONS
SUR LE BONHEUR.

On croit communément qu'il est difficile d'être heureux, et l'on n'a que trop de raisons de le croire; mais il seroit plus aisé de le devenir, si chez les hommes les réflexions et le plan de conduite précédoient les actions. On est entraîné par les circonstances, et on se livre aux espérances qu'elles donnent, qui ne rendent jamais qu'à moitié ce qu'on attend. Enfin, on n'apperçoit bien les moyens d'être heureux, que lorsque l'âge et les entraves qu'on s'est données y mettent des obstacles. Prévenons ces réflexions qu'on fait trop tard. Ceux qui liront celles-ci, y trouveront ce que l'âge et les réflexions de leur vie leur fourniroient trop lentement. Empêchons-les de perdre une partie du temps précieux et court que nous avons à sentir et à penser, et de passer à calfater leurs vaisseaux le temps qu'ils doivent employer à se procurer les plaisirs qu'ils peuvent goûter dans leur navigation.

Il faut, pour être heureux, *s'être défait des préjugés, être vertueux, se bien porter, avoir des goûts et des passions, être susceptible d'illusions*, car nous devons la plupart de nos plaisirs à l'illusion, et malheureux est celui qui la perd. Loin donc de chercher à la faire disparoître par le flambeau de la raison, tâchez d'épaissir le vernis qu'elle met sur la plupart des objets : il leur est encore plus nécessaire que ne le sont à nos corps les soins et la parure.

Il faut commencer par se bien dire à soi-même, et par se bien convaincre que nous n'avons rien à faire en ce monde qu'à nous y procurer des sensations et des sentimens agréables. Les moralistes qui disent aux humains, *ré-*

primez vos passions et maîtrisez vos désirs, si vous voulez être heureux, ne connoissent pas le chemin du bonheur. On n'est heureux que par des goûts ou des passions satisfaites, parce qu'on n'est pas toujours assez heureux pour avoir des passions, et qu'au défaut des passions il faut bien se contenter des goûts. Ce seroit donc des passions qu'il faudroit demander à Dieu, si on osoit lui demander quelque chose ; et *le Nôtre* avoit grande raison de demander au pape des tentations au lieu d'indulgences.

Mais, me dira-t-on, les passions ne font-elles pas plus de malheureux que d'heureux ? Je n'ai pas la balance nécessaire pour peser en général le bien et le mal qu'elles ont faits aux hommes; mais il faut remarquer que les malheureux sont connus, parce qu'ils ont besoin des autres, qu'ils aiment à raconter leurs malheurs, qu'ils y cherchent des remèdes et du soulagement ; les gens heureux, au contraire, ne cherchent rien et ne vont point avertir les autres de leur bonheur : les malheureux sont intéressans ; les gens heureux sont inconnus.

Voilà pourquoi, lorsque deux amans sont raccommodés, lorsque leur jalousie est finie, lorsque les obstacles qui les séparoient sont surmontés, ils ne sont plus propres au théâtre ; la pièce est finie pour les spectateurs ; et la scène de Renaud et d'Armide n'intéresseroit pas autant qu'elle le fait, si le spectateur ne savoit pas que l'amour de Renaud est l'effet d'un enchantement qui doit se dissiper, et que la passion qu'Armide fait voir dans cette scène rendra son malheur plus intéressant. Ce sont les mêmes ressorts qui agissent sur notre âme pour l'émouvoir aux représentations théâtrales et dans les événemens de la vie. On connoît donc bien plus l'amour par les malheurs qu'il cause, que par le bonheur souvent obscur qu'il répand sur la vie des hommes. Mais supposons, pour un moment, que les passions fassent plus de malheureux que d'heureux, je dis qu'elles seroient encore à désirer, parce que c'est la condition sans laquelle on ne peut avoir de grands plaisirs. Or, ce n'est la peine de vivre que pour avoir des sentimens et des sensations agréables, et plus les sentimens agréables sont vifs, plus on est heureux. Il est donc à désirer d'être susceptible de passions, et, je le répète encore, n'en a pas qui veut. C'est à nous à les faire servir à notre bonheur, et cela dépend souvent de nous. *Quiconque a su si bien économiser son état et les circonstances où la fortune l'a placé, qu'il soit parvenu à mettre son esprit et son cœur dans une assiette tranquille, et qu'il soit susceptible de tous les sentimens, de toutes les sensations agréables que cet état peut comporter*, est assurément un excellent philosophe, et doit bien remercier la nature. Je dis *son état et les circonstances où la fortune l'a placé*, parce que je crois qu'une des choses qui contribue le plus au bonheur, c'est de se contenter de son état, et de chercher plutôt à le rendre heureux qu'à en changer.

Mon but n'est pas d'écrire pour toutes sortes de conditions et pour toutes sortes de personnes : tous les états ne sont pas susceptibles de la même espèce de bonheur. Je n'écris que pour ce qu'on appelle gens du monde, c'est-à-dire, pour ceux qui ont une fortune toute faite, plus ou moins brillante, plus ou moins opulente, mais enfin telle qu'ils peuvent rester dans leur état sans en rougir ; et ce ne sont peut-être pas les plus aisés à rendre heureux.

Mais, pour avoir des passions, pour pouvoir les satisfaire, il faut sans doute se bien porter ; c'est-là le premier bien : or, ce bien n'est pas si indépendant de nous qu'on le pense. Comme nous sommes tous nés sains (je dis en général) et faits pour durer un certain temps, il est sûr que si nous ne détruisions pas notre tempérament par la gourmandise, par les veilles, par les excès enfin, nous vivrions tous à peu près ce qu'on appelle âge d'homme ; j'en excepte les morts violentes qu'on ne peut prévoir, et dont, par conséquent, il est inutile de s'occuper. Mais, me répondra-t-on, si votre passion est la gourmandise, vous serez donc bien malheureux ; car, si vous voulez vous bien porter, il faudra perpétuellement vous contraindre. A cela je réponds que le bonheur étant votre but en satisfaisant vos passions, rien ne doit vous écarter de ce but ; et si le mal d'estomac ou la goutte que vous donnent les excès que vous faites à table, vous causent des douleurs plus vives que n'est le plaisir que vous trouvez à satisfaire votre gourmandise, vous calculez mal, si vous préférez la jouissance de l'un à la privation de l'autre ; vous vous écartez de votre but, et vous êtes malheureux par votre faute. Ne vous plaignez donc pas d'être gourmand ; car c'est une source de plaisirs continuels ; mais sachez la faire servir à votre bonheur. Cela vous sera aisé en restant chez vous et en ne vous faisant servir que ce que vous voulez manger. Ayez des temps de diète ; si vous attendez que votre estomac désire par une faim bien vraie, tout ce qui se présentera vous fera autant de plaisir que des mets plus recherchés, et auxquels vous ne songerez pas lorsque vous ne les aurez pas devant les yeux. Cette sobriété que vous vous serez imposée rendra le plaisir plus vif. Je ne vous la recommande pas pour éteindre en vous la gourmandise, mais pour vous en préparer une jouissance plus délicieuse. A l'égard des malades, des cacochymes, que tout incommode, ils ont d'autres espèces de bonheur : avoir bien chaud, bien digérer leur poulet, aller à la garde-robe, est une jouissance pour eux. Mais ce n'est pas pour eux que j'écris : un tel bonheur, si c'en est un, est trop insipide pour s'occuper des moyens d'y parvenir ; il semble que ce sortes de personnes soient dans une sphère dont ce qu'on appelle bonheur, jouissance, sentimens agréables, ne peut approcher ; elles sont à plaindre, mais on ne peut rien pour elles.

Quand on s'est une fois bien persuadé que sans la santé on ne peut jouir d'aucun plaisir et d'aucun bien, on se résout sans peine à faire quelques sacrifices pour la conserver. J'en suis, je puis le dire, un exemple. J'ai un très-bon tempérament, mais je ne suis point robuste. Il y a des choses qui sûrement détruiroient ma santé ; tel est le vin, par exemple, et toutes sortes de liqueurs : je me les suis interdits dès ma première jeunesse. J'ai un tempérament de feu ; je passe la matinée à me noyer de liquides. Enfin, je me livre souvent à la gourmandise dont Dieu m'a douée ; mais je répare ces excès par des diètes rigoureuses que je m'impose à la première incommodité que je sens, et qui m'ont toujours évité des maladies. Ces diètes ne me coûtent rien, parce que, dans ces temps-là, je reste chez moi à l'heure des repas. Mais comme la nature est assez sage pour ne pas nous donner le sentiment de la faim quand nous l'avons surchargée de nourriture, ma gourmandise n'étant point excitée par la présence des mets, je ne me refuse rien en ne mangeant point, et je rétablis ma santé sans qu'il m'en coûte de privations.

Une autre source de bonheur, c'est d'être *exempt de préjugés*; et il ne tient qu'à nous de nous en défaire. Nous avons tous la portion d'esprit nécessaire pour examiner les choses qu'on veut nous obliger de croire, pour savoir, par exemple, si deux et deux font quatre ou cinq; et, d'ailleurs, dans ce siècle on ne manque pas de secours pour s'instruire; je sais qu'il y a d'autres préjugés que ceux de la superstition; et je crois qu'ils sont très-bons à secouer, quoiqu'il n'y en ait aucun qui influe autant sur notre bonheur et notre malheur que ceux de la superstition. Qui dit *préjugé*, dit une opinion qu'on a reçue sans examen, parce qu'elle ne le soutiendroit pas. L'erreur ne peut jamais être un bien, et elle est sûrement un grand mal dans les choses d'où dépend la conduite de la vie.

Il ne faut pas confondre les préjugés avec les bienséances : les préjugés n'ont aucune vérité, et ne peuvent être utiles qu'aux âmes mal faites ; car il y a des âmes corrompues comme des corps contrefaits : celles-là sont hors de rang, et je n'ai rien à leur dire. Les bienséances ont une vérité de convention, et c'en est assez pour que toute personne bien née ne se permette jamais de s'en écarter. Il n'y a point de livre qui apprenne les bienséances, et cependant personne ne les ignore, au moins de bonne foi. Elles varient suivant les états, les âges, les circonstances. Quiconque prétend au bonheur, ne doit jamais s'en écarter ; mais l'exacte observation des bienséances est une vertu, et j'ai dit que, pour être heureux, il faut *être vertueux*.

Je sais que les prédicateurs, et même Juvénal, disent qu'il faut aimer la vertu pour elle-même, pour sa propre beauté ; mais il faut tâcher d'entendre le sens de ces paroles, et l'on verra qu'elles se réduisent à ceci : il faut être vertueux, parce qu'on ne peut être vicieux et heureux. J'entends par vertu, tout ce qui peut contribuer au bonheur de la société, et par conséquent au nôtre, puisque nous sommes membres de la société.

Je dis qu'on ne peut être heureux et vicieux, et la démonstration de cet axiome est dans le cœur de tous les hommes; je soutiens même aux plus scélérats qu'il n'y en a aucun à qui les reproches de sa conscience, c'est-à-dire, de son sentiment intérieur, le mépris qu'il sent qu'il mérite et qu'il éprouve dès qu'on le connoît, ne tienne lieu de supplice. Je n'entends pas, par scélérats, les voleurs, les assassins, les empoisonneurs; ils ne peuvent se trouver dans la classe des gens pour qui j'écris; mais je donne ce nom aux gens faux et perfides, aux calomniateurs, aux délateurs, aux ingrats, enfin, à tous ceux qui sont atteints des vices contre lesquels les lois n'ont point sévi, mais contre lesquels celles des mœurs et de la société ont porté des arrêts d'autant plus terribles, qu'ils sont toujours exécutés.

Je maintiens donc qu'il n'y a personne sur la terre qui puisse sentir qu'on le méprise sans être au désespoir : ce mépris public, cette animadversion des gens de bien, est un supplice plus cruel que tous ceux que le lieutenant-criminel pourroit infliger, parce qu'il dure plus long-temps, et que l'espérance ne l'accompagne jamais.

Il faut donc n'être pas vicieux, si l'on ne veut pas être malheureux. Mais ce n'est pas assez pour nous de n'être pas malheureux : la vie ne vaudroit pas la peine d'être supportée, si l'absence de la douleur étoit notre seul but. Le néant vaudroit mieux ; car assurément c'est l'état où l'on souffre le moins. Il faut donc tâcher d'être heureux ; il faut être bien avec soi-même, par la même raison qu'il faut être logé commodément chez soi ; et vainement espéreroit-on pouvoir jouir de cette satisfaction sans la vertu.

> Aisément des mortels on éblouit les yeux ;
> Mais on ne peut tromper l'œil vigilant des dieux,

a dit un (1) de nos meilleurs poëtes : mais c'est l'œil vigilant de sa propre conscience qu'on ne trompe jamais. Plus on se rend une justice exacte, et plus on peut se rendre témoignage que l'on a rempli ses devoirs, qu'on a fait tout le bien qu'on a pu faire, qu'on est vertueux enfin, plus on goûte cette satisfaction intérieure qu'on peut appeler la santé de l'âme. Je doute qu'il y ait un sentiment plus délicieux que celui qu'on éprouve quand on vient de faire une action vertueuse et qui mérite l'estime des honnêtes gens. Au plaisir intérieur d'une action vertueuse se joint encore le plaisir de jouir de l'estime universelle ; car les fripons ne peuvent refuser leur estime à la probité ; mais l'estime des honnêtes gens mérite seule qu'on la compte. Enfin je

---

(1) Voltaire, dans *Sémiramis*.

dis que, pour être heureux, il faut *être susceptible d'illusions*, et cela n'a guère besoin d'être prouvé. Mais, me direz-vous, vous avez dit que l'erreur est toujours nuisible ; l'illusion n'est-elle pas une erreur ? Non ; l'illusion ne nous fait pas voir à la vérité les objets tels qu'ils sont, mais elle les fait voir tels qu'ils doivent être. Pour nous donner des sentimens agréables, elle les accommode à notre nature : telles sont les illusions de l'optique ; or, l'optique ne nous trompe pas, quoiqu'elle ne nous fasse pas voir de la manière dont il faut que nous les voyions pour notre utilité. Quelle est la raison pour laquelle je ris plus que personne aux marionnettes, si ce n'est parce que je me prête plus que personne à l'illusion, et qu'au bout d'un quart d'heure je crois que c'est Polichinelle qui parle ? Auroit-on un moment de plaisir à la comédie, si on ne se prêtoit à l'illusion qui nous fait voir des personnages morts depuis long-temps, et qui les fait parler en vers alexandrins ? Mais quel plaisir auroit-on à un autre spectacle où tout est illusion, si on ne savoit pas s'y prêter? Assurément il y auroit bien à perdre; et ceux qui n'ont à l'Opéra que le plaisir de la musique et des danses, y ont un plaisir bien décharné et bien au-dessous de celui que donne l'ensemble de ce spectacle enchanteur. J'ai cité les spectacles, parce que l'illusion y est plus aisée à sentir; elle se mêle à tous les plaisirs de notre vie, et elle en est le vernis. On ne dira que trop vrai, jusqu'à un certain point : on ne peut se donner des illusions, de même qu'on ne peut se donner des goûts et des passions ; mais on peut conserver les illusions qu'on a; on peut ne pas chercher à les détruire; on peut ne pas aller derrière les coulisses voir les roues qui font les vols et les autres machines : voilà tout l'art qu'on y peut mettre, et cet art n'est ni inutile, ni infructueux.

Voilà les grandes machines du bonheur, si je puis m'exprimer ainsi ; mais il y a encore bien des adresses de détail
qui

qui peuvent contribuer à notre bonheur.

La première de toutes est d'être bien décidé à ce qu'on veut être et à ce qu'on veut faire, et c'est ce qui manque à presque tous les hommes. C'est pourtant la condition sans laquelle il n'y a point de bonheur ; sans elle on nage perpétuellement dans une mer d'incertitudes ; on détruit le matin ce qu'on a fait le soir ; on passe la vie à faire des sottises, à les réparer, à s'en repentir. Ce sentiment de repentir est un des plus pénibles et des plus désagréables que notre âme puisse éprouver ; un des grands secrets est de savoir s'en garantir. Comme rien ne se ressemble dans la vie, il est presque toujours inutile de voir les fautes ; du moins l'est-il de s'amuser long-temps à les considérer et à se les reprocher : c'est nous couvrir de confusion à nos propres yeux sans aucun profit. Il faut partir d'où l'on est, employer toute la sagacité de son esprit à réparer et à trouver les moyens de réparer ; mais il ne faut point regarder au talon, et il faut toujours éloigner de son esprit le souvenir de ses fautes, quand on en a tiré, dans une première vue, le fruit qu'on en peut attendre. Ecarter les idées tristes et leur en substituer d'agréables, est encore un des grands ressorts du bonheur, et nous avons celui-là en notre pouvoir, du moins jusqu'à un certain point.

Je sais que, dans une violente passion qui nous rend malheureux, il ne dépend pas absolument de nous de bannir les idées qui nous affligent; mais on n'est pas toujours dans ces situations violentes; toutes les maladies ne sont pas des fièvres malignes; et les petits malheurs de détail, les situations désagréables, quoique foibles, sont bonnes à éviter : la mort, par exemple, est une idée qui nous afflige toujours, soit que nous prévoyions la nôtre, soit que nous pensions à celle des gens que nous aimons. Il faut donc éviter avec soin tout ce qui peut nous rappeler cette idée. Je suis bien opposée à Montaigne, qui se félicitoit tant de s'être tellement accoutumé à la mort, qu'il étoit sûr de la voir de près sans en être effrayé. On voit, par la complaisance avec laquelle il rapporte cette victoire, qu'elle lui avoit beaucoup coûté : et en cela le sage Montaigne avoit mal calculé ; car assurément c'est une folie d'empoisonner, par cette idée triste et humiliante, une partie du peu de temps que nous avons à vivre, pour supporter plus patiemment un moment que les douleurs corporelles rendent toujours très-amer, malgré toute notre philosophie. D'ailleurs, qui sait si l'affoiblissement de notre esprit, causé par la maladie ou par l'âge, nous laissera recueillir le fruit de nos réflexions, et si nous n'en serons pas pour nos frais, comme il arrive si souvent dans la vie ? Ayons toujours dans l'esprit, quand l'idée de la mort nous revient, ce vers de Gresset :

La douleur est un siècle, et la mort un moment.

Détournons donc notre esprit de toutes les idées désagréables ; elles sont la source d'où naissent tous les maux métaphysiques; et c'est surtout ceux-là qu'il est presque toujours en notre pouvoir d'éviter. La sagesse doit avoir toujours les jetons à la main; car qui dit sage, dit heureux, du moins dans mon dictionnaire. Il faut avoir des passions pour être heureux; mais il faut les faire servir à notre bonheur, et il y en a auxquelles il faut défendre toute entrée dans notre âme. Je ne parle pas des passions qui sont des vices, telles que la haine, la vengeance, la colère. L'ambition, par exemple, est une passion dont je crois qu'il faut défendre son âme, si on veut être heureux : ce n'est pas par la raison qu'elle n'a point de jouissance, car je crois que cette passion peut en fournir : ce n'est pas parce que l'ambition désire toujours, car c'est assurément un grand bien; mais c'est parce que, de toutes les passions, c'est celle qui met le plus notre bonheur dans la dépendance des autres. Or, *moins notre bonheur est dans la dépendance des autres, et plus il nous est aisé d'être heureux.*

Ne craignons pas de faire trop de retranchemens sur cela ; il en dépendra toujours assez. Par cette raison d'indépendance, l'amour de l'étude est, de toutes les passions, celle qui contribue le plus à notre bonheur. Dans l'amour de l'étude se trouve enfermée une passion dont une âme élevée n'est jamais entièrement exempte, celle de la gloire. Il n'y a même que cette manière d'en acquérir pour la moitié du monde, et c'est cette moitié justement à qui l'éducation en ôte les moyens et en rend le goût impossible.

Il est certain que l'amour de l'étude est bien moins nécessaire au bonheur des hommes qu'à celui des femmes. Les hommes ont une infinité de ressources qui manquent entièrement aux femmes; ils ont bien d'autres moyens d'arriver à la gloire, et il est sûr que l'ambition de rendre ses talens utiles à son pays et de servir ses concitoyens, soit par son habileté dans l'art de la guerre, ou par ses talens pour le gouvernement ou les négociations, est fort au-dessus de celle qu'on peut se proposer par l'étude. Mais les femmes sont exclues, par leur état, de toute espèce de gloire; et quand par hasard il s'en trouve quelqu'une née avec une âme assez élevée, il ne lui reste que l'étude pour la consoler de toutes les exclusions et de toutes les dépendances auxquelles elle se trouve condamnée par état.

L'amour de la gloire, qui est la source de tant de plaisirs pour l'âme, et de tant d'efforts en tout genre qui contribuent au bonheur, à l'instruction et à la perfection de la société, est entièrement fondé sur l'illusion. Rien n'est si aisé que de faire disparoître le fantôme après lequel courent toutes les âmes élevées; mais qu'il y auroit à perdre pour elles et pour les autres! Je sais qu'il est quelque réalité dans l'amour de la gloire dont on peut jouir de son vivant; mais il n'y a guère de héros, en quelque genre que ce soit, qui voulût se détacher entièrement des applaudissemens de la postérité, dont on attend même plus de justice que de ses contemporains. On ne s'avoue pas toujours le désir vague de faire parler de soi quand on ne sera plus ; mais il est toujours au fond de notre cœur. La philosophie voudroit en faire sentir la vanité ; mais le sentiment prend le dessus ; et ce plaisir n'est point une illusion, car il nous prouve le bien réel de jouir de notre réputation future. Si le présent étoit notre unique bien, nos plaisirs seroient plus bornés qu'ils ne le sont. Nous sommes heureux dans le moment présent, non-seulement par nos jouissances actuelles, mais par nos espérances, par nos réminiscences. Le présent s'enrichit du passé et de l'avenir. Qui travailleroit pour ses enfans, pour la grandeur de sa maison, si on ne jouissoit pas de l'avenir ? Nous avons beau faire, l'amour-propre est toujours le mobile plus ou moins caché de nos actions : c'est le vent qui enfle les voiles, et sans lequel le vaisseau n'iroit pas.

J'ai dit que l'amour de l'étude étoit

la passion la plus nécessaire à notre bonheur : c'est une ressource sûre contre les malheurs ; c'est une ressource de plaisirs inépuisables ; et Cicéron a bien raison de le dire : les plaisirs des sens et du cœur sont sans doute au-dessous de ceux de l'étude. Il n'est pas nécessaire d'étudier pour être heureux ; mais il l'est peut-être de sentir en soi cette ressource et cet appui. On peut aimer l'étude et passer des années entières, peut-être toute sa vie, sans étudier ; et heureux celui qui la passe ainsi ! car ce ne peut être qu'à des plaisirs plus vifs qu'il sacrifie un plaisir qu'il est toujours sûr de trouver, et qu'il rendra assez vif pour le dédommager de la perte des autres.

Un des plus grands secrets du bonheur est de modérer ses désirs et d'aimer les choses qu'on possède. La nature, dont le but est toujours notre bonheur (et j'entends par nature, tout ce qui est sans raisonnement) ; la nature, dis-je, ne nous donne des désirs que conformément à notre état. Nous ne désirerons naturellement que de proche en proche ; un capitaine d'infanterie désire d'être colonel, et il n'est point malheureux de ne point commander les armées, quelques talens qu'il se sente. C'est à notre bon esprit et à nos réflexions à fortifier cette sage sobriété de la nature. Il ne faut donc se permettre de désirer que les choses qu'on peut obtenir sans trop de soins et de travail; et c'est un point sur lequel nous pouvons beaucoup pour notre bonheur. Aimer ce qu'on possède, savoir en jouir, savourer les avantages de son état, ne point trop porter la vue sur ceux qui nous paroissent plus heureux, s'appliquer à perfectionner le sien et à en tirer le meilleur parti possible, voilà ce qu'on doit appeler être heureux : et je croirois faire une bonne définition, en disant que le plus heureux des hommes est celui qui désire le moins le changement de son état. Pour jouir de ce bonheur, il faut guérir ou prévenir une maladie de notre espèce qui s'y oppose entièrement et qui n'est que trop commune, c'est l'inquiétude. Cette disposition d'esprit s'oppose à toutes les jouissances, et par conséquent à toute espèce de bonheur. La bonne philosophie, c'est-à-dire, la ferme persuasion que nous n'avons autre chose à faire en ce monde que d'être heureux, est un remède sûr contre cette maladie dont les bons esprits, ceux qui sont capables de principes et de conséquences, sont toujours exempts. Il est une passion très-déraisonnable aux yeux du philosophe et de la raison, c'est la passion du jeu. Il seroit heureux de l'avoir, si on pouvoit la modérer et la réserver pour le temps de notre vie où elle sera nécessaire, et ce temps, c'est la vieillesse. Il est certain que l'amour du jeu a sa source dans l'amour de l'argent. Il n'y a point de particulier pour qui le gros jeu (et j'appelle gros jeu celui qui peut faire une différence dans notre fortune) ne soit un objet intéressant. Notre âme veut être remuée par l'espérance ou par la crainte; elle n'est heureuse que par les choses

qui lui font sentir son existence. Or, le
jeu nous met perpétuellement aux prises
avec ces deux passions, et tient par conséquent notre âme dans une émotion
qui est un des grands principes de bonheur qui soit en nous. Le plaisir que m'a
fait le jeu a servi souvent à me consoler de
n'être pas riche. Je me crois l'esprit assez
bien fait pour qu'une fortune, médiocre
pour un autre, suffise à me rendre heureuse, et dans ce cas le jeu me deviendroit insipide; du moins je le craignois, et cette idée me persuadoit que
je devois le plaisir du jeu à mon peu de
fortune, et servoit à m'en consoler.

Il est certain que les besoins physiques
sont la source des plaisirs des sens, et je
suis persuadée qu'il y a plus de plaisirs
dans une fortune médiocre que dans une
entière abondance: une boîte, une porcelaine, un meuble nouveau, sont une
vraie jouissance pour moi; mais, si j'a-
vois trente boîtes, je serois peu sensible
au plaisir d'avoir la trente-unième.

Nos goûts s'émoussent aisément par

la satiété, et il faut rendre grâces à Dieu de nous avoir donné des privations nécessaires pour les conserver : c'est ce qui fait qu'un roi s'ennuie si souvent et qu'il est impossible qu'il soit heureux, à moins qu'il n'ait reçu du ciel une âme assez grande pour être susceptible des plaisirs de son état, c'est-à-dire, de celui de rendre un grand nombre d'hommes heureux ; mais alors cet état devient le premier de tous par le bonheur, comme il l'est par la puissance.

J'ai dit que plus notre bonheur dépend de nous, et plus il est assuré ; et cependant la passion qui peut nous donner les plus grands plaisirs et nous rendre le plus heureux, met entièrement notre bonheur dans la dépendance des autres : on voit que je veux parler de l'amour. Cette passion est peut-être la seule qui puisse nous faire désirer de vivre et nous engager à remercier l'auteur de la nature, quel qu'il soit, de nous avoir donné l'existence. Milord Rochester a bien raison de dire que les dieux ont mis cette goutte céleste dans le calice de la vie, pour nous donner le courage de la supporter.

> Il faut aimer, c'est ce qui nous soutient;
> Car sans l'amour, il est triste d'être homme.

Si ce goût naturel, qui est un sixième sens, le plus fin, le plus délicat, le plus précieux de tous, se trouve rassemblé dans deux âmes également sensibles, également immuables, également susceptibles de bonheur et de plaisir, tout est dit; on n'a plus rien à faire pour être heureux; tout le reste est indifférent. Il n'y a que la santé qui y soit nécessaire: il faut employer toutes les facultés de son âme à jouir de ce bonheur; il faut quitter la vie quand on le perd, et être bien sûr que les années de Nestor ne sont rien au prix d'un quart d'heure d'une telle jouissance. Il est juste qu'un tel bonheur soit rare; s'il étoit commun, il vaudroit mieux être homme que Dieu, du moins tel que nous pouvons nous le représenter. Ce qu'on peut faire de mieux est de se persuader que ce bonheur n'est pas impossible : je ne sais cependant si l'amour a jamais rassemblé deux personnes faites à tel point l'une pour l'autre, qu'elles ne connussent jamais la satiété de la jouissance, ni le refroidissement qu'entraîne la sécurité, ni l'indolence et la tiédeur qui naissent de la facilité et de la continuité d'un commerce dont l'illusion ne se détruit jamais (car où en entre-t-il plus que dans l'amour?) et dont l'ardeur enfin fût égale dans la jouissance et dans la privation, et pût supporter également les malheurs et les plaisirs.

Un cœur capable d'un tel amour, une âme si tendre et si ferme, semble avoir épuisé le pouvoir de la Divinité : il en naît une en un siècle ; il semble que, d'en produire deux, soit au-dessus de ses forces, ou que, si elle les avoit produites, elle seroit jalouse de leurs plaisirs, si elles se rencontroient. Mais l'amour peut nous rendre heureux à moins de frais : une âme tendre et sensible est

heureuse par le seul plaisir qu'elle trouve
à aimer. Je ne veux pas dire par-là
qu'on puisse être parfaitement heureux
en aimant, quoiqu'on ne soit pas aimé;
mais je dis que, quoique nos idées de
bonheur ne soient pas également remplies par l'amour de l'objet que nous aimons, le plaisir que nous sentons à nous
livrer à toute notre tendresse peut suffire
pour nous rendre fort heureux; et, si
cette âme a encore le bonheur d'être
susceptible d'illusions, il est impossible
qu'elle ne se croie pas plus aimée qu'elle
ne l'est peut-être en effet; elle doit tant
aimer, qu'elle aime pour deux, et que la
chaleur de son sentiment supplée à ce
qui manque réellement à son bonheur.
Il faut sans doute qu'un caractère sensible, vif et emporté, paie le tribut des
inconvéniens attachés à ces qualités, je
ne sais si je dois dire bonnes ou mauvaises; mais je crois que, quiconque
composeroit son individu, les y feroit
entrer. Une première passion emporte
tellement hors de soi une âme de cette

trempe, qu'elle est inaccessible à toute réflexion et à toute idée modérée ; elle peut sans doute se préparer de grands chagrins ; mais le plus grand inconvénient attaché à cette sensibilité emportée, c'est qu'il est impossible que quelqu'un qui aime à cet excès soit aimé, et qu'il n'y a presque point d'hommes dont le goût ne diminue par la connoissance d'une telle passion : cela doit sans doute paroître bien étrange à qui ne connoît pas encore assez le cœur humain ; mais, pour peu qu'on ait réfléchi sur ce que nous offre l'expérience, on sentira que, pour conserver long-temps le cœur de son amant, il faut toujours que l'espérance ou la crainte agisse sur lui. Or, une passion telle que je viens de la dépeindre, produit un abandonnement de soi-même qui rend incapable de tout art. L'amour perce de tout côté : on commence par vous adorer ; cela est impossible autrement ; mais bientôt la certitude d'être aimé, l'ennui d'être toujours prévenu, le malheur de n'avoir rien

rien à craindre, émoussent les goûts.
Voilà comme est fait le cœur humain ;
et qu'on ne croie pas que j'en parle par
rancune. J'ai reçu de Dieu, il est vrai,
une de ces âmes tendres et immuables
qui ne savent ni déguiser, ni modérer
leurs passions, qui ne connoissent ni
l'affoiblissement, ni le dégoût, et dont
la tenacité sait résister à tout, même à
la certitude de n'être plus aimé; mais
j'ai été heureuse pendant dix ans par
l'amour de celui qui avoit subjugué mon
âme, et, ces dix ans, je les ai passés tête
à tête avec lui sans aucun moment de dégoût et de langueur. Quand l'âge, les
maladies, peut-être aussi la satiété de
la jouissance, ont diminué son goût,
j'ai été long-temps sans m'en appercevoir ; j'aimois pour deux ; je passois ma
vie entière avec lui; et mon cœur, exempt
de soupçons, jouissoit du plaisir d'aimer
et de l'illusion de se croire aimé. Il est
vrai que j'ai perdu cet état si heureux,
et que ce n'a pas été sans qu'il m'en ait
coûté bien des larmes.

Il faut de terribles secousses pour briser de telles chaînes : la plaie de mon cœur a saigné long-temps. J'ai eu lieu de me plaindre, et j'ai tout pardonné ; j'ai été assez juste pour sentir qu'il n'y avoit peut-être au monde que mon cœur qui eût cette immutabilité qui anéantit le pouvoir des temps ; que si l'âge et ses maladies n'avoient pas entièrement éteint ses désirs, ils auroient peut-être encore été pour moi, et que l'amour me l'auroit ramené; enfin que son cœur, incapable d'amour, m'aimoit de l'amitié la plus tendre, et m'auroit consacré sa vie. La certitude de l'impossibilité du retour de son goût et de sa passion, que je sais bien qui n'est pas dans la nature, a amené insensiblement mon cœur au sentiment paisible de l'amitié, et ce sentiment, joint à la passion de l'étude, me rendoit assez heureuse.

Mais un cœur si tendre peut-il être rempli par un sentiment aussi paisible et aussi foible que celui de l'amitié! Je ne sais si on doit espérer, si on doit souhaiter même de tenir toujours cette sensibilité dans l'espèce d'apathie à laquelle il a été difficile de l'amener.

On n'est heureux que par des sentimens vifs et agréables. Pourquoi donc s'interdire les plus vifs et les plus agréables de tous ? Mais ce qu'on a éprouvé, les réflexions qu'on a été obligé de faire pour amener son cœur à cette apathie, la peine même qu'on a eue de l'y réduire, doit faire craindre de quitter un état qui n'est pas malheureux, pour essuyer des malheurs que l'âge et la perte de la beauté rendroient inévitables. Belles réflexions, me dira-t-on, et bien utiles ! Vous verrez de quoi elles vous serviront, si vous avez jamais du goût pour quelqu'un qui devienne amoureux de vous. Mais je crois qu'on se trompe, si on croit que ces réflexions soient inutiles. Les passions, passé trente ans, ne nous emportent plus avec la même impétuosité. Croyez que l'on résisteroit à son goût, si on le vouloit bien fortement et qu'on fût bien persuadé qu'il fera notre malheur : on n'y cède que parce qu'on n'est pas bien convaincu de la sûreté de ces maximes, et qu'on espère encore d'être heureux ; et on a raison de se le persuader. Pourquoi s'interdire l'espérance d'être heureux, et de la manière la plus vive ? Mais, s'il ne faut que s'interdire cette espérance, il n'est pas permis de se tromper sur les moyens du bonheur. L'expérience doit du moins nous apprendre à compter avec nous-mêmes, et à faire servir nos passions à notre bonheur : on peut prendre sur soi jusqu'à un certain point : nous ne pouvons pas tout, sans doute, mais nous pouvons beaucoup ; et j'avance, sans craindre de me tromper, qu'il n'y a point de passion qu'on ne puisse surmonter, quand on s'est bien convaincu qu'elle ne peut servir qu'à notre malheur. Ce qui nous égare sur cela dans notre première jeunesse, c'est que nous sommes incapables de réflexions, que nous n'avons point d'expérience, et que nous nous figurons que nous rattraperons le bien que nous avons perdu à force de courir après; mais l'expérience et la connoissance du cœur humain nous apprennent que, plus nous courons après, et plus il nous fuit : c'est une perspective trompeuse qui disparoît quand nous croyons l'atteindre. Le goût est une chose involontaire qui ne se persuade point, qui ne se ranime presque jamais. Quel est votre but, quand vous cédez au goût que vous avez pour quelqu'un ? N'est-ce pas d'être heureux par le plaisir d'aimer et par celui de l'être ? Autant donc il seroit ridicule de se refuser à ce plaisir, par la crainte d'un malheur à venir, que peut-être vous n'éprouverez qu'après avoir été fort heureux ; et alors il y aura une compensation, et vous devez songer à vous guérir et non à vous repentir ; autant une personne raisonnable auroit à rougir, si elle ne tenoit pas toujours son bonheur dans sa main, et si elle le mettoit entièrement dans celle d'un autre. Le grand secret pour que l'amour ne nous rende pas malheureuse, c'est de tâcher de n'avoir jamais tort avec un amant, de ne jamais lui montrer trop d'empressement quand il se refroidit, et d'être toujours d'un degré plus froide que lui : cela ne le ramenera pas ; mais rien ne le rameneroit, et il n'y a rien à faire qu'à oublier quelqu'un qui cesse de nous aimer. S'il nous aime encore, rien n'est capable de le réchauffer et de rendre à son amour sa première ardeur, que la crainte de nous perdre ou d'être moins aimé ; je sais que ce secret est difficile à pratiquer pour les âmes tendres et vraies ; mais elles ne peuvent cependant trop prendre sur elles pour le pratiquer, d'autant plus qu'il leur est bien plus nécessaire qu'à d'autres ; rien ne dégrade tant que les démarches qu'on fait pour regagner un cœur froid ou mécontent ; cela nous avilit aux yeux de celui que nous cherchons à conserver, et à ceux des hommes qui pourroient penser à nous ; mais, ce qui est bien pis, cela nous rend malheureuses et nous tourmente inutilement.

Il faut donc suivre cette maxime avec un courage inébranlable, et ne jamais céder sur cela à notre propre cœur ; il faut tâcher de connoître le caractère de la personne à qui l'on s'attache, avant de céder à son goût ; il faut que la raison soit reçue dans le conseil, non cette raison qui condamne vaguement toute espèce d'engagement comme contraire au bonheur, mais celle qui, en convenant qu'on ne peut être fort heureux sans aimer, veut qu'on n'aime que pour son bonheur, et qu'on surmonte un goût dans lequel on voit évidemment qu'on n'essuieroit que des malheurs.

Mais quand ce goût a été le plus fort, quand il l'a emporté sur la raison, comme cela n'arrive que trop, il ne faut point se piquer d'une constance qui seroit aussi ridicule que déplacée : c'est bien le cas de pratiquer le proverbe : *les plus courtes folies sont les meilleures* ; ce sont surtout les plus courts malheurs ; car il y a des folies qui rendroient fort heureux, si elles duroient toute la vie. Il ne faut point rougir de s'être trompé; il faut se guérir, quoiqu'il en coûte, et surtout éviter la présence d'un objet qui ne peut que nous agiter et nous faire perdre le fruit de nos réflexions ; car, chez les hommes, la coquetterie sert à l'amour; ils ne veulent perdre ni leurs conquêtes, ni leurs victimes, et par mille coquetteries ils savent rallumer un feu mal éteint et vous tenir dans un état d'incertitude aussi ridicule qu'insupportable. Il faut couper dans le vif; il faut rompre sans retour; il faut, dit M. de Richelieu, *découdre l'amitié et déchirer l'amour:* enfin, c'est à la raison à faire notre bonheur dans l'âge mûr ; dans l'enfance, nos sens se chargent seuls de ce soin ; dans la jeunesse, le cœur et l'esprit commencent à s'en mêler, avec cette subordination que le cœur décide de tout ; mais dans l'âge mûr la raison doit être de la partie; c'est à elle à nous faire sentir qu'il faut être heureux, quoi qu'il en coûte. Chaque âge a ses plaisirs qui lui sont propres ; ceux de la vieillesse sont les plus difficiles à obtenir. Le jeu et l'étude, si on en reste encore capable, la gourmandise, la considération, voilà les ressources de la vieillesse. Tout cela n'est sans doute que des consolations : heureusement il ne tient qu'à nous d'avancer le terme de notre vie, s'il se fait trop attendre; mais, tant que nous nous résolvons à la supporter, il faut tâcher de faire pénétrer les plaisirs par toutes les portes qui l'introduisent jusqu'à notre âme : nous n'avons pas d'autres affaires.

Tâchons donc de nous bien porter, de n'avoir point de préjugés, d'avoir des passions, de les faire servir à notre bonheur, de remplacer nos passions par des goûts, de conserver précieusement nos illusions, d'être vertueux, de ne jamais nous repentir, d'éloigner de nous les idées tristes, et de ne jamais permettre à notre cœur de conserver une étincelle de goût pour quelqu'un dont le goût diminue, et qui cesse de nous aimer. Il faut bien quitter l'amour un jour, pour peu qu'on vieillisse; et ce jour doit être celui où il cesse de nous rendre heureux. Enfin, songeons à cultiver le goût de l'étude, ce goût qui ne fait dépendre notre bonheur que de nous-mêmes; préservons-nous de l'ambition, et surtout sachons bien ce que nous voulons être; décidons-nous sur la route que nous voulons prendre pour passer notre vie, et tâchons de la semer de fleurs.

FIN.

TABLE
DES MATIÈRES.

Notice sur Mme. du Chastelet.   Page j
Lettres inédites de Mme. du Chastelet à M. d'Argental.   1
De M. d'Argental.   289
De l'Existence de Dieu.   313
Réflexions sur le Bonheur.   337

Fin de la Table.

www.ingramcontent.com/pod-product-compliance
Lightning Source LLC
Chambersburg PA
CBHW071909230426
43671CB00010B/1532